KB067621

펭귄,
팀프러너가 되다

Tiimiakatemia
– Kuinka kasvaa tiimiyrittäjäksi

by Timo Lehtonen
Copyright © 2013 Authors & JAMK University of Applied Sciences
All Rights Reserved.

팀으로 배우고 창업하는 혁신적 교육 모델,
핀란드 티미아카테미아 이야기

Tiimiakatemia

펭귄,
팀프러너가 되다

팀프러너 Teampreneur
팀team과 앙트러프러너entrepreneur의 합성어.
팀 구성원의 시너지를 원동력으로 일을 만들어내고,
함께 학습하고 성장하며 혁신적이고 새로운 가치를 창출하는 사람들

티모 레토넨 지음 | **김강현·김희정·이예나** 옮김

COOPERATIVE
착한책가게

차례

1장 티미아카테미아 〜〜〜〜〜〜〜〜〜 033

2장 팀 〜〜〜〜〜〜〜〜〜〜〜〜〜〜〜 077

《티미아카테미아*Tiimiakatemia*》(이 책의 원서 제목)를 한국어로 번역하고 싶다는 제안을 들었을 때 정말 기뻤고 한편으로는 놀랐습니다. 이 책에 등장하는 모험심 가득한 작은 '펭귄'이 지구 반대편으로 탐험을 떠날 수 있는 기회라는 생각이 들었지요. 이 작은 펭귄은 '티미아카테미아에서 팀프러너로 성장하는 방법'에 대한 놀라운 이야기를 들려줄 것입니다. 그리고 여러분은 이 이야기를 바탕으로 팀 기업 안에서 일하며 팀과 함께 새로운 방식으로 학습해나갈 수 있게 될 것입니다. 학습의 주요 방법은 '실전을 통한 배움Learning by doing'과 유익하고 흥미로운 '책 읽기'입니다.

저는 티미아카테미아에서 2002년에 처음 팀코치를 시작했습니다. 팀코칭에 대한 경험이 전혀 없었기에 수많은 도전 과제에 맞닥뜨렸지만 티미아카테미아의 창시자인 요한네스 파르타넨에게 멘토링을 받는 행운을 얻을 수 있었습니다. 그는 1990년대 초부터 새로운 교육 방법을 일반적인 수업현장에 적용하면서 발전시켜왔습니다. 2002년, 요한네스와 저는 100명이 넘는 팀프러너로 구성된 6개의 팀을 이끌었습니다.

10년간 수많은 다양한 팀을 코칭한 후 티미아카테미아에 관한 책을 쓸 준비가 되었다는 느낌이 들자 가슴이 벅차올랐습니다. 처음에는 전통적인 논픽션 형식으로 책을 쓰려고 했지만 잘 되지 않아 이야기 형식으로 문체를 바꿔 다시 쓰기 시작했습니다. 내용을 전달하기에는 이 방식이 더 어울렸고 결국 책을 마무리 지을 수 있었습니다. 일러스트레이터인 티나 호스카리가 행복한 모습을 띤 펭귄들을 그려주었습니다. 이 이야기를 통해 티미아카테미아 교육 모델의 세 가지 주요 단계인 자기주도적 개인학습, 팀 학습, 공동체 학습(티미아카테미아 전체가 학습 조직이 됨을 뜻함)에 대해 명확하게 정의 내릴 수 있었습니다. 물론 우리가 주로 활용하는 학습도구에 대해서도 소개했습니다.

티미아카테미아는 완전히 다른 학교입니다. 학습이 일어나는 독특한 장소로, 사실 우리는 학교라고 부르는 것을 좋아하지 않습니다. 하지만 우리의 학습 방법은 젊은 전문가들과 함께하며 놀라운 성과를 이루어왔습니다. 우리의 교육 방법이 핀란드를 넘어 문화적 배경이 다른 나라들에 퍼져나가는 것을 익히 보아왔기에 한국에도 잘 들어맞을 것이라 진심으로 믿습니다.

독자 여러분은 학습자들이 티미아카테미아의 학습 방법을 활용하여 용감하고 진취적이며 의욕적이고 열정적인 전문가로 변화하는 것을 볼 수 있을 것입니다. 학습자들은 사회적 기술이 크게 향상되고 스트레스를 관리하면서 일하는 방법을 배워나가게 될 것입니다. 조용한 학습자는 자신의 목소리를 내게 될 것이며, 말이 많은 학습자는 잘 듣게 될 것입니다. 서로 함께 제품과 서비스를 혁신하고 자신의 사업을 시작하게 될 것입니다.

이 책을 한국어로 번역해준 팀에게 정말 감사드립니다. 번역 작업은 꽤나 즐거웠고 놀라움으로 가득했다고 들었습니다. 티미아카테미아에서 에너지가 가득 찬 분위기에서 영감을 부여받으며 일을 해나가는 것과 비슷했을 것이라고 생각합니다. 이 책을 쓰면서 많은 상상력을 동원할 필요가 없었습니다. 책에 등장하는 사람과 사건 대부분이 실제 이야기이기 때문입니다.

그중 제가 가장 좋아하는 이야기는 '지식 창조와 혁신' 부분입니다. 언젠가 겨울에 학생들과 함께 황무지로 여행을 떠난 적이 있습니다. 오래되고 전기가 들어오지 않는 삼림관리원의 집에서 머물렀는데, 밖에는 서리가 내렸고 난로에 장작을 때 집을 데워야 했습니다. 그때 작은 열기구 하나를 만들어서 실제로 하늘로 날려 보냈습니다. 서리로 뒤덮인 밤하늘에 열기구가 올라가는 순간을 지금도 잊을 수 없습니다. 그 자리에 함께한 학습자 가운데 한 명이 그 일에 대한 시를 남겼습니다.

"우리는 평화의 열기구를 하늘로 올려 보낸다.

보통사람이든 위인이든, 가난하든 부자든 모든 사람을 위해 빛나길.

야생의 모든 생명과 동물들을 위해 빛나길.

그리고 만약 지구 밖에 생명체가 있거든

멀리 떨어진 행성에 사는 이들을 위해서 또한 빛나길."

이 책이 대화를 나누고, 공감하며, 팀과 함께 일하면서 팀으로 함께 학습하는 새로운 방법을 제시해줄 수 있기를 바랍니다. 특히 한국의 독자들에게 세상에 대한 새로운 아이디어와 재미를 선사해줄 수 있기를 바랍니다.

2020년 4월 27일

헬싱키에서 티모 레토넨

추천사

우리 인류와 전 세계는 '펭귄의 행진' 다큐멘터리를 통해 극지방의 독특한 동물이 겸손, 끈기, 열정, 팀워크의 조합을 통해 어떻게 역경을 극복하는지 배울 수 있습니다. 팀프러너십 가족인 몬드라곤 팀 아카데미^{MTA, Mondragon Team Academy}(이하 MTA)와 티미아카테미아에서는 LEINN(4년제 학사학위 과정)의 신입생 팀프러너들을 '펭귄'이라고 부릅니다. 그 이유는 우리의 어린 친구들이 펭귄처럼 어디로 튈지 모르는 에너지와 작고 서투른 걸음으로 스스로의 열정을 쫓기 때문입니다. 겉으로 보기에는 재미있고 순진해 보이겠지만 사실은 자아실현, 뛰어난 팀워크, 세상을 변화시킬 잠재적 영향력으로 향하는 가장 매혹적인 여정의 시작입니다.

이 책은 유망한 젊은이들의 모험, 그리고 자신과 팀을 변화시키는 여정을 깊고 재미있게 풀어낸 걸작입니다. 팀프러너가 되도록 이끄는 '점화'의 지혜를 담고 있습니다. 레팀^{Letim}이라 불리는 특별한 저자 티모 레토넨은 티미아카테미아에서 만날 수 있는 아주 인상적인 사람들 중 한 명입니다. 그는 '팀 개발 및 학습과정'의 깊고 숙달된 지혜와 팀코치에게 필요한 '겸손, 열정, 진정성, 용감함'을 결합한 뛰어난 역량을 지니고 있습니다. 팀을 통해 젊은이들의 변화를 연결하고 점화시켜 그들이 최선의 모습이 되도록 합니다. 그의 지혜와 열정 덕분에 여러분은 이 책에서 팀과 함께 살아가는 것에 대한 영감과 이해와 지도를 발견할 수 있을 것입니다. 25년 넘게 운영되어온 티미아카테미아의 팀프러너십 정신에 대한 지혜가 담겨 있는 이 책을 모든 팀프러너와 팀코치들에게 추천합니다.

이 놀라운 책의 한국어판에 추천의 글을 쓰는 것은 제게 큰 기쁨이자 영광입니다. MTA KOREA 팀은 번역과 출판을 통해 한국의 청년과 교육자들이 이 책을 접할 수 있도록 노력하며 MTA 월드 가족들의 모범이 되었습니다. 송인창 대표와 HBM사회적협동조합 팀이 MTA를 통해 청년들과 기업가들을 팀프러너로 성장시키며 인간 중심의 협력과 연대 기반 사회혁신을 통해 한국 사회에 기여한 2015년부터 저는 팀프러너십을 한국에 전파하는 영광을 누렸습니다. 아쇼카한국, 아산나눔재단 등 사회혁신 네트워크, 그리고 성균관대학교, 계원예술대학교, 성공회대학교 등 여러 대학, 미래교실네트워크, 세상을 품은 아이들과 같은 교육혁신을 통해 사회혁신을 이루는 파트너들과 함께해온 지난 여정은 무척 즐거웠습니다. 여기에는 몬드라곤 대학과 TZBZ, MTA 중국과 뉴욕의 뉴스쿨 등의 글로벌 파트너들의 큰 지지도 함께했습니다.

지난 5년간 우리는 한국의(남한 그리고 탈북민) 청년들에게 팀프러너십의 씨앗을 뿌리며 교육혁신을 꿈꾸고 일하며 즐거웠습니다. 한국은 의심할 여지 없이 세계 사회혁신의 선도적 사례이며 아시아를 이끌어가고 있습니다. 사람 중심의 혁신을 계속 이끌어나갈 수 있도록 이 책이 한국의 젊은이들에게 진취적인 생각과 행동과 감정을 불어넣을 것이라고 확신합니다.

— 호세 마리 루자라가 | MTA 월드 공동창립자, 아쇼카 펠로우

이 책의 저자인 티모 레토넨은 지금까지 수많은 팀들이 학습과 비지니스 두 영역 모두에서 성공적인 결과를 이루어낼 수 있도록 코칭해왔습니다. 이 책은 팀의 학습 여정을 훌륭하게 보여주며 핵심적 실행방법과 학습도구를 담고 있습니다. 최고의 일은 교실 밖에서 이루어집니다. 그러니 밖으로 나가 프로젝트를 실행하고 고객을 만나세요. 레토넨은 티미아카테미아의 정신을 정확하게 담아냈습니다. 자신이 이끄는 팀을 즐거운 학습 여정으로 인도하고 싶은 모든 교육자들에게 이 책을 적극 추천합니다.

— 헤이키 토이바넨 | 시니어 팀코치, 티미아카테미아 글로벌Tiimiakatemia Global CEO

WHO, 유엔, 세계적십자 등 국제기구 모두가 코로나는 계속 우리와 같이 있을 것이며 백신이 개발돼도 또 다른 바이러스의 돌연변이가 생길 것이기에 미래는 새로운 불확실성의 시대라고 말합니다. 이 불확실한 혼란의 시대는 개인보다 공동체 위주의 생활이 될 것이며 자연의 파괴가 아닌 조물주의 창조 질서 복원이 새로운 생활의 패러다임이라는 가르침을 줍니다. 또 여러 가지 새로운 혁신 모델 구축을 위한 실험과, 소통을 통한 민첩성을 우리에게 요구하고 있습니다.

오늘날 '비정상의 정상화'라는 상황에서 발간된 이 책은 그 의미가 큽니다. 팀을 기반으로 한 학습과 창업에 좋은 길잡이가 될 것입니다.

– 박경서 | HBM사회적협동조합 이사장, 전) 대한적십자사 회장

"빨리 가려면 혼자 가고, 멀리 가려면 함께 가라."는 말이 있다면, 티미아카테미아와 MTA와 맺게 된 소중한 인연을 통해 배운 것은 반드시 그 둘 중 하나를 택할 필요는 없다는 것이다. 특히 전 인류와 지구가 극적인 전환 시대에 돌입한 상황에서는 더욱 그러하다. 기후변화의 위기가 더 많은 취약한 사람들과 미래세대의 생존 기반을 침식하고 있는 시대. 인공지능 같은 신기술이 인간 고유의 능력과 잠재력에 도전과 기회를 동시에 내밀고 있는 시대. 인간수명 연장 혁명으로 인해 요람에서 무덤까지 모든 배움과 관계 맺기의 근본적 리셋이 필요한 시대. 최근 코로나 팬데믹으로 지난 이삼십 년간 질주하던 세계화란 이름의 기차가 급브레이크를 밟고 멈춰버린 또 다른 시대의 시작 앞에서, 우리는 이제 '함께, 빨리, 멀리' 가기 위한 새로운 마인드셋과 도구들을 장착해야만 한다. 이 책이 '오래된 미래'처럼 그 여정에 든든한 동반자가 되어줄 것을 믿는다.

– 이혜영 | 아쇼카한국 대표

1990년대에 수많은 경영자들은 피터 센게의 학습조직과 노나카의 지식경영을 학습하고 실천했다. 학습조직과 지식경영 이론의 영향을 받고 발전해온 것이 핀란드의 티미아카테미아 프로그램이다. 2010년대에 이 프로그램이 한국

에 소개되었다. 그리고 2020년 현재, 한국의 사회적경제 조직과 대학에서 활용되고 있다. 성공회대에서는 '팀창업'이라는 이름으로 2015년에 개설되어 지금까지 이어지고 있다.

핀란드 티미아카테미아 프로그램은 학술연구자들이 발전시켜온 것은 아니다. 현장의 팀코치들이 경험과 학습을 바탕으로 실천을 통해 개발해온 것이다. 이 책은 티미아카테미아 프로그램의 진행 과정을 생생하게 보여주며, 팀코치인 저자가 자신들이 실천해온 것을 쉽고 재미있게 설명해준다.

이 책은 핀란드 티미아카테미아 프로그램을 알고 싶어 하는 실천가들과 팀코치들에게 훌륭한 자료가 될 것이다. 티미아카테미아 학습 과정에 직접 참여하고 싶은 이들에게도 이 책을 추천한다.

— 장승권 | 성공회대 경영학부 및 대학원 협동조합경영학과 교수

많은 고민과 탐색 끝에 티미아카테미아 방법론으로 팀앙트러프러너십 교육을 대학현장에 적용한 지 벌써 4년째다. 그 사이 적지 않은 팽귄들이 다녀갔고 그들의 진화는 시작에 불과하다. 이들을 위해 성장의 장을 마련하고 지켜보는 나도 결국 팽귄이었고 나도 그들과 똑같은 길을 가고 있다. 나의 진화도 시작했다.

나는 티미아카테미아에서 우리 교육의 미래를 본다. 이상과 현실 사이 그 어느 지점에 방점을 찍어야 할까? 인본주의가 메말라버린 우리의 교육현장이 어느 정도의 변화를 수용할 수 있을까?

쉽게 읽을 수 있지만 음미할 것이 많다. 이 책을 읽는 독자들도 느끼고 상상이 되는 것이 있다면 머뭇거리지 말고 실행해보시길…. 어느새 그대도 팽귄이 되어 새로운 모습으로 성장하고 있는 자신을 발견할 것이다.

— 이원준 | 성균관대 경영학과 교수

2016년 MTA의 설립자 호세를 서울에서 만났을 때 나는 잃어버린 형제 혹은 쌍둥이를 만난 것 같다는 표현을 했다. 그의 혁신적 대학 모델이 내가 하고자

한 미래교육 실현 전략과 본질적으로 동일했기 때문이다. 그런데 호세는 이러한 놀라운 동시성의 밑바탕에 핀란드의 티미아카테미아라는 교육기관의 경험이 있음을 말해주었다.

개인적으로 시대를 따라잡지 못하는 학교 시스템이 교육 위기의 본질이라는 것을 주워들은 것이 2013년 2월. 혹시라도 해결의 실마리를 찾아볼 수 있을까 하는 생각에 반년 가까이 이런저런 자료를 뒤적거리다 결정적인 개념을 발견하게 되었다. 바로 '협력적 문제해결능력Collaborative Problem Solving Skills'이란 개념으로, 21세기에 필요한 모든 역량이 수렴되는 것을 이해하게 된 것이다.

이로써 교육혁신 혹은 미래교육과 관련된 프로젝트의 1차 핵심 슬로건이 결정되었다. 바로 '소통과 협력'으로, 학생이 아니라 교사로부터 시작되는 개념이었다. 수업시간 중에 학생들의 소통을 일상적으로 허가·촉진하고, 교사가 아닌 학생들끼리 협력적으로 문제해결을 하도록 유도하는 방향으로 교사의 교육에 대한 관점과 실행전략을 전환하는 것을 의미했다. 이를 시도한 결과는 명확했다. 초중등에서 대학까지 모든 교육 연령대에서 단순한 교과 지식 습득이 아닌 종합적이고 입체적인 역량 성장이 마법처럼 일어날 수 있음을 실증적으로 확인한 것이다.

티미아카테미아는 이러한 교육 대전환의 선구자다. 한국의 실험보다 이미 30년도 더 전에 시작한 이들의 귀한 시도와 경험을 뒤늦게나마 접할 수 있게 되어 정말 다행이다. 이 책이 더 많은 이들에게 또 다른 영감을 주어 더 놀라운 교육혁신으로 이어질 것을 기대한다.

— 정찬필 | (사)미래교실네트워크 사무총장

인류의 역사는 협업의 역사라고 해도 과언이 아닙니다. 역사상 생산양식의 변화란, 한 측면에선 협업 형태의 변화였습니다. 특히 자본주의는 가장 체계적 협업(분업)을 발전시켰으나, 한편으로는 노동의 소외를, 다른 한편으로는 관료적 비효율을 낳았습니다.

어떻게 하면 모두가 경영의 주체가 되면서 동시에 효율적이며 창의적인 참여자가 되도록 할 수 있을까요? 이를 위한 하나의 시도가 '팀프러너'라 생각됩니다. 팀 경영은 단지 의사결정 단계의 축소 수단이 아니라, 팀과 개인과 조직(회사)이라는 세 가지 차원 모두의 성장을 추구하는 패러다임입니다. 팀을 중심으로 일(사업)하면서, 그 구성원들이 학습하고 성장하며, 결과적으로 조직 전체의 성과와 노하우가 축적되는 경영을 어떻게 이룰 수 있을까요? 궁금하다면 이 책을 읽으며 그 실마리를 찾아갈 수 있을 것입니다.

― 한승권 | 춘천전인학교 교장

10년이면 강산이 변한다는데, 요즘은 해마다 강산이 변하는 듯싶다. 이런 상황에서 교육에 거는 기대와 요구는 더 절실해졌다. 이에 학생들에게 새로운 교육경험을 선사하고 싶어 '사회적경제' 수업을 개설해 MTA 코치들에게 코칭을 부탁했다. 그 결과 4개월여 동안 학생들의 공감능력, 소통능력, 협업능력, 팀프러너십 등이 눈부시게 성장했다. 특히 마지막 한 달 동안에, 한 팀은 0.5초 만에 자가 건강진단을 하는 '코비트'라는 앱을 개발했고, 한 팀은 마스크와 손 소독제 등을 구매하면 소외계층과 의료진에게 마스크를 기부하는 '마스크킹'이라는 사업을 구상, 실제 판매도 했다. 또 한 팀은 아침을 거르는 친구들에게 건강한 간편식을 배달하는 사업을 구상했다. 어설픈 점도 있으나 잠재력만은 충만했다.

그 비결이 무엇일까 고민하던 중 이 책을 만났다. 교실도 없고 교사(교수)도 없고 정해진 교육과정도 없는 티미아카데미아라는 학교. 그곳에서 학생들이 도대체 무엇을 배울 수 있을까, 라는 의문을 품고 읽었는데 책장을 넘기다 보니 차츰 고개가 끄덕여진다. 자신의 관심사와 동기를 기반으로 자기주도 학습을 하고, 독서 클럽에서 각자 배운 것을 나누며, 팀을 기반으로 실제 사업을 운영해보면서 배운 지식을 응용해보는 것. 이보다 더 멋진 미래교육 모델이 있을까? 그리고 보니 우리 학생들이 짧은 기간에 부쩍 큰 이유를 알 것 같다.

― 이현영 | 이우학교 교감

새로운 교육을 시도하는 학교들을 만나며 갖게 된 생각이 있습니다. 하나의 가장 좋은 학교를 찾기보다는 각각의 학교가 만들어진 목적과 철학이 학생들의 배움의 경험에 어떻게 이어지는지 깊이 들여다보는 일이 필요하다는 것입니다.

MTA는 팀으로 배우고 창업하는 글로벌 대학교육 프로그램입니다. 팀 교육의 기반에 티미아카테미아가 있습니다. 이 책은 티미아카테미아가 바라보는 팀이란 무엇인지, 학생들은 팀 안에서 어떤 경험을 하며 성장하는지 소개합니다. 팀을 만드는 일, 한 팀이 되는 일을 다시 생각해보게 하는 책이기도 합니다.

서울에도 첫 뿌리를 내린 MTA가 진화해가는 모습, 그 안에서 팀프러너들이 성장하는 모습을 여러분과 함께 지켜보게 되기를 기대합니다.

— 엄윤미 | C Program 대표

기업가정신에 대한 가장 큰 오해 두 가지가 있다면 첫째는 기업가정신이 곧 창업가정신이라고 보는 것이고, 다른 하나는 기업가정신은 개인에 대한 이야기라는 것이다. 이 책은 기업가정신에 대한 두 가지 오해를 바로잡아 우리에게 기업가정신이란 창업이라는 목적에 국한될 필요가 없는 학습과 성장임을, 그리고 개인의 입지전적 이야기에 한정될 필요가 없는, 팀과 공동체의 형성과 발전과 관련됨을 명확하게 이야기한다.

이 책을 꼭 읽으면 좋을 독자는 팀으로서 성장을 고민하는 기존 조직이나 기업의 리더들이다. 이 책을 통해 기존 조직과 기업들에게도 '팀프러너'가 왜 필요하며 어떤 역할을 하는지, 그리고 어떻게 준비해야 하고 무엇을 실천해야 할지 소중한 인사이트를 얻을 수 있기를!

— 김정태 | 사회혁신가, 엠와이소셜컴퍼니(MYSC) 대표이사

옮긴이 말

세상은 앞으로 얼마나 변화하게 될까요? 4차 산업혁명을 외치며 달려가던 인류가 COVID-19라는 바이러스 때문에 멈춰 섰습니다. 아마도 이러한 바이러스는 이제 갑작스러운 변수가 아니라 사람들의 삶 속에 항상 머무는 상수가 될지도 모르겠습니다.

이 책에서 말하는 '팀프러너십'은 어쩌면 COVID-19를 맞닥뜨린 불확실하고 불안한 세상을 헤쳐 나가는 데 필요한 마음가짐일 것입니다. 인간은 혼자서 살 수 없고, 어떠한 성공도 오롯이 혼자서만 이루어냈다고 볼 수 없습니다. 지금까지 우리가 친숙하게 들어온 앙트러프러너십(진취적이고 모험심 많은 기업가)은 '팀'보다는 '개인'에 초점을 맞추어왔습니다. 그러나 우리는 팀으로 함께 학습하고 일하는 조직의 가능성을 믿습니다.

이 책은 팀과 함께하는 실제 경험을 통해 성장하는 핀란드 티미아카테미아의 신입생, '펭귄'의 성장기입니다. 실제 그곳에서 18년째 팀코칭을 하고 있는 팀코치 티모 레토넨이 직접 쓴 책으로, 팀프러너십이 무엇인지, 티미아카테미아에서 학습이 어떻게 이루어지는지 담고 있습니다. 그렇다고 이론적으로 설명하는 것은 아닙니다. 우리는 그곳에 갓 입학한 펭귄의 흥미진진한 성장기를 즐겁게 따라가면 됩니다. 펭귄은 독자들을 대신하여 우리에게 낯선 티미아카테미아의 고유한 개념과 용어에 대해 코치들에게 질문하기도 하고, 선배 '팀프러너'들과 이야기하며 깨달음을 얻기도 합니다. 독자들은 일반적인 학교의 모습과는 다른 티미아카테미아의 학습 환경과 방식을 펭귄의 눈으로 바라보며 티미아카테미아라는 낯선 교육 방법을 조금씩 이해해나갈 수 있을 것입니다.

한편으로 이 책은 우리의 교육 시스템이 청년들에게 팀프러너십을 얼마나 불어넣고 있는지 되돌아보게 합니다. 미래 인재가 갖추어야 할 핵심역량인 공감과 소통, 협업능력을 우리는 팀프러너십을 통해 발견할 수 있지 않을까요?

이 책을 통해 팀과 함께 세상을 바꾸어나가려는 '펭귄', 팀프러너들이 더 많이 생겨났으면 하는 바람입니다. 각자도생의 경쟁사회에서 지친 많은 사람들이 팀 안에서 대화하고 학습하며 성장하는 기쁨을 발견하는 데 이 책이 기여할 수 있기를 바랍니다.

— 이예나 | MTA 팀코치, 협동조합연구자

결과를 중시하는 줄 세우기식 교육과 일자리 환경은 개인에게 끝없는 경쟁과 노력을 요구하면서도 개인의 개별성과 독창성에는 주목하지 않습니다. 각자의 잠재력을 발휘하기 어렵고 높은 사회적

잣대로 서로를 재단하는 우리 사회에서 자살률이 높은 것은 당연한 결과로 보입니다. 사람을 살리는 일을 하고 싶었던 저는 팀프러너십을 추구합니다.

팀프러너십 교육은 개인과 팀, 그리고 프로젝트(회사)의 균형 잡힌 성장을 목표로 합니다. 이러한 교육을 통해 이루고자 하는 것은 한 개인이나 프로젝트의 뛰어난 성취가 아닙니다. 일을 하며 스스로를 소외시키지 않는 것, 서로의 다름을 포용하여 팀의 강점으로 만들어가는 것, 내가 성장하고 내 팀원들의 성장을 함께 책임지는 것, 이 모든 것을 통해 인간 중심의 삶의 방식을 실현하는 커뮤니티를 목적으로 합니다. 개인들이 팀과 함께 각자의 열정과 꿈, 도전이 담긴 프로젝트들로 자립하여 건강하고 주체적인 사회 구성원이 되는 것을 생각하면 팀코치로서 가슴이 벅차오릅니다.

그렇다면 팀코치는 어떤 역할을 할까요? 팀코치는 강의를 하는 교사나 강사와 다르고, 퍼실리테이터나 컨설턴트, 심지어 기존의 비즈니스 코치와도 다른 특성을 지니고 있습니다. 팀을 현재 상태로만 진단하여 솔루션을 주는 것이 아니라, 성장하는(학습하는) 단위로 바라봅니다. 그리고 결국에는 팀코치가 없이도 팀이 스스로 서는 것을 목표로 합니다.

팀코치와 팀프러너 모두 커뮤니티의 구성원이며 서로 함께 성장합니다. 그래서 팀코치들도 팀으로 일하며 자신의 프로젝트를 발전시킵니다. 이렇게 보니 팀코치는 직업이 아니라 팀프러너십을 전달하는 또 한 명의 팀프러너임을 깨닫게 됩니다.

팀프러너십 교육은 이미 짜여 있는 시스템이 아닌 프로세스를 중심에 두고 있습니다. 티미아카데미아에 갓 입학한 펭귄(1학년)의 시점으로 쓰인 이 책을 통해 팀프러너로서의 학습 여정에 함께하면서 팀코치와 팀프러너의 동반 성장을 경험할 수 있기를 바랍니다. 함께 고민하고, 함께 성장하고, 함께 만들어가는 팀프러너 커뮤니티로 여러분을 초대합니다.

— **김강현 | MTA 팀코치**

이제는 교사가 지식전달자를 넘어 코치, 퍼실리테이터, 멘토 등 다양한 역할을 수행해야 하는 시대입니다. 어찌 보면 교육자의 역할은 사실 처음부터 다양했는데 그동안 '지식전달'이라는 패러다임에 갇혀 학습자를 수동적으로 인식해온 것인지도 모릅니다. 시대는 빠르게 변하고 있습니다. 온라인이든 오프라인이든 교사는 지식전달자로서의 역할에서 벗어나 학생 개개인에 집중해야 하며, 학생들이 오늘날 절대적으로 필요한 소통과 협력, 주체성 등의 역량을 갖출 수 있도록 해주어야 합니다.

기존 학교에서도 몇몇 교사들을 중심으로 체인지메이커나 앙트러프러너십 역량을 키우려는 움직임이 조금씩 일고 있습니다. 하지만 학생들에게 이러한 교육을 하고 배움이 일어나도록 하는 것이 기성세대 교사에게는 무척 어려운 일입니다. 팀 학습의 경험이 거의 없기 때문에 협력학습을 구상하는 것 역시 쉽지 않습니다. 따라서 교사들로서도 어떤 역량을 갖춰야 하며 어떻게 갖출 수 있는지 직접 경험해볼 수 있는 학습의 장이 필요합니다.

21세기에 필요한 새로운 교육을 탐색하던 중 참여하게 된 MTA 팀코치 육성과정에서 배운 것은, 팀코칭은 물론 팀 학습이 21세기 학습자에게 필요한 다양한 역량을 고루 발전시킬 수 있다는 것이었습니다. 머릿속에 이론적으로만 존재하던 협력학습(팀 학습)을 직접 경험할 수 있었기에 교사로서 어떻게 교실 현장에서 이를 구현해야 할지 자세히 알 수 있었습니다. 또한 교육자로서의 역할과 방향을 정립하기 위한 철학과 마인드셋을 깊이 뿌리내릴 수 있는 기회이기도 했습니다.

MTA의 뿌리인 티미아카테미아의 학습 방법을 에피소드 형식으로 재밌게 풀어낸 이 책을 번역하며 학습의 방법에 대해 다시 한 번 생각을 정리할 수 있었습니다. 이 책의 모든 독자 여러분과 함께 얼굴을 맞대어 교육과 학습, 교육자의 역할에 대해 이야기 나눌 수 있기를 바라며, 최근 학교에서도 코칭의 역할이 대두되고 있는 만큼 많은 교육자들에게 널리 읽히기를 간절히 소망합니다.

― 김희정 │ MTA 팀코치, 영어교사

티미아카테미아의 피라미드 학습 구조

이미 많은 사람들이 티미아카테미아 이야기를 들었고 학습자들과 코치들을 만났다. 그들 가운데 일부는 피푸카투^{Piippukatu}에 있는 티미아카테미아 시설을 방문한 적이 있어서 우리 조직에 익숙할 것이다. 하지만 이곳에서 우리가 무엇을 어떻게 학습하는지, 우리가 과감히 만들어낸 '팀프러너^{Teampreneurs}'라는 말이 실제로 어떤 의미로 쓰이는지 정확하게 아는 사람은 많지 않다. 그래서 이 책을 통해 많은 질문 가운데 몇 가지에 답을 제시해보고자 한다.

오늘 나는 티미아카테미아를 나타내는 그림 하나를 그렸다. 작은 삼각형들이 큰 삼각형 안에 있는 형태로, 피라미드 구조를 닮았고, 이중 몇 개의 삼각형은 전체 구조에 들어맞도록 거꾸로 되어 있다. 토대가 되는 부분은 삼각형 세 개로 구성되어 있으며, 각각 티미아카데미아, 팀원, 팀을 의미한다. 팀원 삼각형은 중앙에 자리 잡고 있는데, 모든 것이 우리가 펭귄이라고 부르는, 진취적이고 용감하고 영감이 넘치는 1학년 학습자에서 시작되기 때문이다. 각 펭귄과 팀을 연결하는 것은 팀 계약인데, 이 팀 계약은 팀이 함께 정한 기본 규칙, 목적, 목표를 담고 있다. 내 생각에는 모든 팀원이 동의하는 이런 계약 없이는 잘 기능하는 팀을 만들어낼 수 없다.

티미아카데미아 학습자들의 생활을 인도하는 것은 '이끄는 생각 Leading Thoughts'이다. 이끄는 생각은 티미아카데미아가 존재하는 목적, 우리가 공유하는 가치, 비전, 목표를 말해주며, 학습자들은 이를 바탕으로 생생하고 영감을 주는 브랜드를 우리의 이익집단들과 함께 만들어낸다.

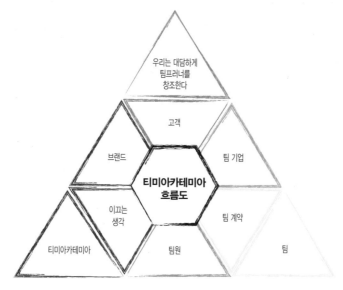

팀, 팀원, 팀 계약은 팀 운영을 위한 바탕이지만 비즈니스의 진정한 성공은 고객과 함께할 때 이루어진다. 팀과 티미아카테미아에 대한 헌신, 열정적인 활동, 고객과 함께하는 학습, 상호존중이 지속적인 학습을 가능하게 한다. 그리고 이 지속적인 학습이 생산적인 사업, 원활한 네트워크, 효과적인 학습을 가능하게 한다. 이로써 팀프러너십을 형성할 기반이 마련된다.

간단하게 그린 피라미드 모델이 이 책의 전체 내용을 보여준다. 언제나 단순함에 이끌리는 나는 우리가 앙트러프러너십^{entrepreneurship}의 새로운 학습법을 만들어내기 위해 사용하는 방법을 단순하고도 명쾌하게 알아차릴 수 있도록 하려 한다. 사람과의 상호작용이야말로 티미아카테미아의 요체이므로 대화도 많이 포함시켜 설명하였다. 우리가 하는 일이 가능해진 것은 우리가 둥지를 튼 옛 합판공장에 있는 훌륭한 시설을 장기적으로 사용할 수 있게 된 덕분이다. 하지만 학습 혁신의 실체는 다름 아닌 우리의 문화가 작동하는 방식이다. 이것이 지닌 가치는 어마어마하다.

설명적인 묘사와 실제 사례 이야기를 섞어 가상으로 이야기를 끌어간 이 책의 서술방식에 의문이 드는 독자도 있을 것이다. 그런 독자들은 내가 견고한 이론 체계를 만들어내지 못한 것이 불만스러울 수도 있다.

하지만 이 책에 담긴 다채로운 이야기는 티미아카테미아의 바탕이 되는 중심 이론과 철학을 보여준다. 이 책의 서술방식은 첫 페이지를 쓸 때 이미 정해졌고, 그 뒤로는 굳이 달리 바꾸지 않았다. 사례와 대화야말로 우리의 일상과 문화를 묘사하는 최고의 방법이라 믿기 때문이다.

티미아카테미아에 대한 질문의 답을 찾아가는 여정에 동참한 여러분을 환영한다.

2012년 12월 12일, 이위베스퀼레에서

티모 레토넨

티미아카테미아 연대기

코치
울라 루카스Ulla Luukas(200

첫 번째 세계여행(1996)

2004
요피Jofi
모굴리Mo
세레갸8er
프로아레
2003
레드Red
레벨Level
솔리디Solidi
판딜라Pandilla
포인트비전Point Visions
비시올로스Visiolouhos
크로믹스Kromix
아이보페술라Aivopesula

브론코Bro
뚜오탄토

루타코Lutakko로 이전
(1996)

코치
요한네스 파르타넨
Johannes Partanen(1993)

1996
프로파일Profiilis
아이디어리트사Idearitsa

1997
페닉스Fenix

1995
흰개미Termiitit

1998
엘릭서Eliksiiri

팀 이름 …

1994
비저니카리트Visionikkarit
캄플락셀트Kampiakselit
위사르트Wisardit

1993
RTW팀

라야카투 캠퍼스의
147호 강의실
(1993)

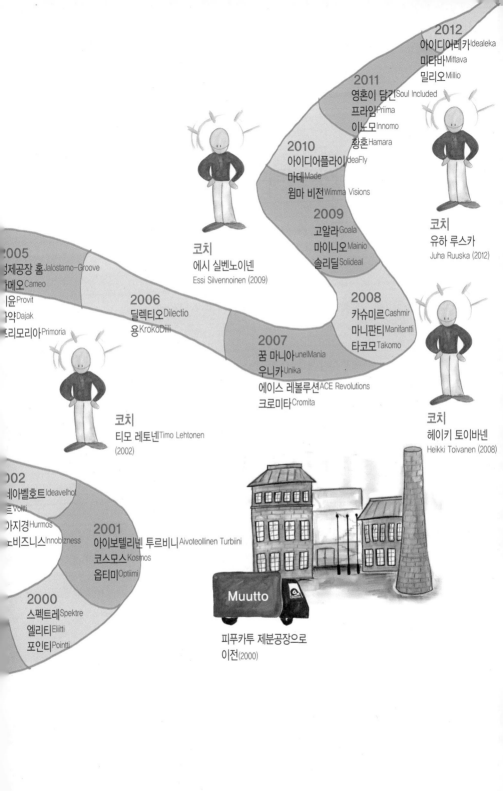

2012
아이디어레카Idealeka
미타바Mittava
밀리오Millio

코치
유하 루스카
Juha Ruuska (2012)

2011
영혼이 담긴Soul Included
프라임Priima
이노모Innomo
황혼Hamara

2010
아이디어플라이IdeaFly
마데Made
윔마 비전Wimma Visions

2009
고알라Goala
마이니오Mainio
솔리딜Solideal

코치
에시 실벤노이넨
Essi Silvennoinen (2009)

2005
제제공장 홈Jalostamo-Groove
메오Cameo
윤Provit
약Dajak
리모리아Primoria

2006
딜렉티오Dilectio
용KrokoDiili

2008
카슈미르Cashmir
마니판티Manifantti
타코모Takomo

2007
꿈 마니아unelMania
우니카Unika
에이스 레볼루션ACE Revolutions
크로미타Cromita

코치
티모 레토넨Timo Lehtonen
(2002)

코치
헤이키 토이바넨
Heikki Toivanen (2008)

002
에아벨호트Ideavelhot
트Voitti
가지경Hurmos
노비즈니스Innobizness

2001
아이보텔리넨 투르비니Aivoteollinen Turbiini
코스모스Kosmos
옵티미Optiimi

2000
스펙트레Spektre
엘리티Eliitti
포인티Pointti

Muutto

피푸카투 제분공장으로
이전(2000)

티미아카테미아에서의 첫날

> "티미아카테미아는 정말 놀랍다고
> 말할 수밖에 없어요! 이곳의 방식이
> 학습의 혁신인지 진화인지는 모르겠지만 말이죠."

내가 이위베스퀼레에 있는 JAMK 응용과학대학에 합격했다는 기쁜 소식을 들은 것은 7월 중순이었다. 이곳의 비즈니스 개발 프로그램은 '티미아카테미아'로 더 잘 알려져 있다. 나는 역에서 내려 선로 위를 지나가는 터널식 육교(멋진 나무 바닥이 깔린!)를 건너 루타코 방향으로 걸음을 재촉했다. 육교를 빠져나와 우뚝 솟은 인노바 고층건물을 지나자, 오래된 샤우만Schauman 합판공장의 붉은 벽돌 굴뚝이 보였다. 그 안에는 진짜 사우나가 있다는 이야기를 들었다. 그 유명한 티미아카테미아에 가까워질수록 흥분이 고조되었다. 입구에서 선배들을 만났다. 그들도 일 년 전에는 새롭고 낯설고 두렵기도 한 배움의 세계(뭐가 뭔지 이해하는 데만 일 년은 걸리는)에 뛰어드는 상황이었을 것이다.

셔츠에 이름표를 달고, 60명의 다른 '펭귄'들과 함께 오래된 공장 건물 중앙으로 안내를 받았다. 신참 학습자들은 여기에서 모두 펭귄이라 불린다. 그 이유가 궁금해졌다. 다들 불안한 마음에 입을 다물고 앉아 있는 가운데 나는 낯선 광경만 두리번거렸다. 의자로 채워진 큰 홀의 한가운데에 무대가 있었다. 젊은 남자와 여자가 활짝 웃는 얼굴로 성큼성큼 무대에 올랐다.

"티미아카테미아에 온 걸 환영해요." 너무나 따뜻한 어조로 인사말을 건네서, 나는 실제로 환영받는 기분이 들었다. "나는 마니판티 협동조합의 안시이고, 여기는 고알라 협동조합의 A. M.이에요."

마니판티라니, 협동조합의 이름으로는 얼마나 우스꽝스러운가? 고알라는 동물 아닌가? 유칼립투스 나뭇가지에 거꾸로 매달려 미소 짓는 것 같은 우스꽝스러운 호주 동물 아닌가? 코치들이 자기소개를 하는데, 이름을 바꿔 말하는 것처럼 보였다. 헤드 코치인 올라 루카스가 티모 레토넨 코치로 자신을 소개하고, 티모 레토넨 역시 그랬다. 마케 레페넨 코치는 에시 실벤노이넨 코치로, 헤이키 토이바넨 코치는 미카엘 히르비 코치로 자신을 소개했다. 다음으로 초청 팀 리더들이 무대 위로 걸어 나왔다.

이 코치들이 이번 가을 동안 팀 기업을 시작하고 운영할 수 있도록 우리를 도와줄 것이었다. 곧이어 음악이 나오고 티미아카테미아의 창립자이자 전 헤드 코치인 요한네스 파르타넨이 무대로 걸어 나왔다. 첫인상은 수수하지만 카리스마를 풍기는 전문가인 동시에 진짜 신사라는 느낌이었다. 요한네스는 책 몇 권에서 얻은 새롭고도 놀랄 만하며 인상적인 통찰 이야기를 했다. 안시가 요한네스에게 뭔가 새로운 건 없냐고 물었다. 그러자 그는 요원한 미래 이야기로 들리는 대답을 몇 가지 하고는 부인인 키르스티 이야기를 주저리주저리 늘어놓았다. 나는 그때 이미 그가 좋아졌다.

레토넨 코치가 무대 아래로 내려와 큰 홀에서 유일하게 비어 있던 내 옆자리에 앉으며 말했다.

"나는 요한네스와 지난 10년간 동료였어요. 그런데 한 번도 지루한 적이 없었지요! 그와 함께 있으면 늘 엄청나게 활동적이고 쾌활하게 지내면서 많은 걸 배우게 됩니다. 그는 늘 '해석학적 순환'이 시작되는 한가운데에 있었어요!"

'해석학적 순환'이라, 도대체 뭘 의미하는 걸까? 아무리 생각해도 답을 찾을 수 없었다. 흥미롭네. 레토넨이 프로그램 진행상 신

참 학습자들이 트레이닝룸으로 가야 할 순서임을 알아차리고는
말했다.

"자, 그럼 당신도 저기 다른 사람들과 함께 가야겠군요. 오늘 잘
지내세요. 티미아카데미아에 온 걸 환영해요."

내가 사람들을 따라가려고 일어서는데, 레토넨이 주변에 있던
선배들과 이야기를 나누었다.

"이곳 티미아카데미아는 정말 특이한 곳이에요. 누군가는 수평
적인 조직이라고 생각할 수도 있고, 또 누군가는 공동체 에너지로
가득한 곳이라고 할 수도 있겠지요. 또 어떤 이는 '뇌 세탁소'라고
부를 수도 있겠어요. 실제로 그런 이름을 가진 팀이 있기도 하고요."

레토넨이 웃으며 열정적으로 외쳤다.

"하지만 티미아카데미아는 정말 놀랍다고 말할 수밖에 없어요!
이곳의 방식이 학습의 혁신인지 진화인지는 모르겠지만 말이죠."

1장

티미아카테미아

TIIMIAKATEMIA

"아이디어들이 떠오르기 시작했죠.
이 거부할 수 없는 아이디어와 논제들을 경영대학 입구에
내걸고 싶었어요. 운명과 희망에 관한 루터의 급진적 생각과
젊은이들을 '타락'시키려던 소크라테스의 의도가 내 안에서
결합되자, 나는 다음과 같은 공지문을 내걸지 않을 수 없었어요.
'세계여행을 하면서 곁다리로 마케팅을 배우면 어떨까요?
궁금하면 오후 3시에 147호 강의실로 오시라!'

티미아카테미아는 어떻게
시작되었나

요한네스가 우리 펭귄들에게 티미아카테미아에 대한 이야기를 하려고 트레이닝룸으로 들어왔다. 우리는 티미아카테미아가 어떻게 시작되었는지 무척 궁금했다.

"저는 소년 시절부터 늘 고전 이야기에 관심이 많았어요. 소크라테스가 던지는 질문들이 신기했죠. 어떻게 2400년 전에 사람들을 가르치는 방법을 알아낸 걸까요? 그가 사용한 방법의 전형적인 예는 많은 사람들이 보는 앞에서 읽고 쓸 줄 모르는 노예에게 피타고라스의 정리를 이해하게 한 겁니다. 저는 학습이란 것에 대해 강한 궁금증이 있었어요. 경영대학에서 가르쳐보니, 학생들이 항상 제가 가르치는 걸 배우는 것은 아니었거든요. 오히려 제가 가르치지 않은 것을 배우는 일이 일어나기도 했죠. 그래서 제 마음속에 궁금증이 싹텄지만, 그때까지만 해도 소크라테스의 방법, 그러니까 모르는 척 하면서 학습자들이 어떤 주제에 대한 정보를 저에게 알려주게 하면서 스스로 깨우치도록 하는 방법을 동원할 준비가 되어 있지 않았어요. 상대방이 자신의 무지를 인정할 때까지 질문을 계속하는 그런 방법 말입니다."

나는 요한네스의 이야기에 놀랐다. 내 기억이 정확하다면, 소크라테스는 고대 그리스 철학자로, 젊은이들을 타락시킨 죄로 독배를 마신 인물이다. 이 선동가가 요한네스에게 위대한 영감을 주었다는 것이다. 최하층민으로 태어난 하잘것없는 악당이자 아테네 상류층의 문답법 선생이었던 소크라테스의 운명에 요한네스가 관심을 가진 것은 놀랄 일도 아니다. 요한네스는 마르틴 루터도 자신의 롤 모델이라고 소개했으니까.

"아이디어들이 떠오르기 시작했죠. 이 거부할 수 없는 아이디어와 논제들을 경영대학 입구에 내걸고 싶었어요. 운명과 희망에 관한 루터의 급진적 생각과 젊은이들을 '타락'시키려던 소크라테스의 의도가 내 안에서 결합되자, 나는 다음과 같은 공지문을 내걸지 않을 수 없었어요. '세계여행을 하면서 곁다리로 마케팅을 배우면 어떨까요? 궁금하면 오후 3시에 147호 강의실로 오시라!'

이 모든 말도 안 되는 일은 이렇게 20년 전 147호 강의실에서 시작되었어요. 우리는 강의실 책상을 원형으로 배치했는데, 매일 아침

청소하시는 분이 그 원을 해체해서 깔끔하게 일렬로 배열했죠. 결국 참다못한 우리는 의자를 모두 복도에 내놓고 바닥에 앉았답니다! 그렇게 텅 비었던 강의실은 시간이 지나면서 벼룩시장에서 산 안락의자들로 채워졌습니다.

그때가 1992년이었는데, 그 무렵 이위베스퀼레 경영대학은 응용과학대학으로 바뀌었죠. 나는 사람들이 원형으로 앉아야 한다고 생각했어요. 어느 누구도 누군가의 뒤에서 이야기하지 않길 원했던 거죠. 곧 사람들 사이에 대화가 이루어지기 시작했어요. 소크라테스 시대의 아테네에서 그랬던 것처럼 이곳 '핀란드의 아테네'에서 말이죠. 또한 피터 센게의 《학습하는 조직 The Fifth Discipline》(에이지21, 2014), 카첸바흐와 스미스가 쓴 《팀의 지혜 The Wisdom of Teams》를 읽고 영감을 받았어요. 정확히 내가 무엇을 해야 할지 알게 된 거죠. 그건 바로 '학습하는 팀을 만들어보면 어떨까?' 하는 것이었어요. 그래서 맨 먼저 RTW Round The World 팀을 만들어서 함께 아주 놀라운 세계여행을 했죠. 날마다 이어지는 우리 작업에는 당대 최고의 책들을 활용했어요. 예를 들어 바바라 프러시닉의 《다양성이 우리의 힘이다 Diversity is Our Strength》는 학습에 관해 완전히 새로운 관점을 열어주었어요. 그리고 1995년 가을에는 이안 커닝햄이 개발한 '학습계약'을 사용하기 시작했어요.

다섯 팀과 코치 한 명이 1996년 가을에 루타코에 있는 샤우만 제분공장 본사로 왔을 때 우리는 모두 굉장히 흥분했죠. 마침내 우리만의 시설을 가지게 된 겁니다. 사람들은 대체 뭘 하는 공간인지 궁금해하며 방문하기 시작했죠. 2000년 봄, 이위베스퀼레의 티미아카테미아는 샤우만 제분공장에서 지금의 장소로 옮겨왔어요.

티미아카테미아에서는 다양한 학습 도구와 방법을 사용해서 팀 프러너십을 형성합니다. 사람들은 자신의 삶에 대한 자주성과 책임감을 가지고 일을 시작해요."

요한네스의 얼굴은 자부심으로 빛났다.

"그게 바로 우리가 기대하던 일입니다. 우리는 학교와 그곳의 일방적인 가르침 대신 재미와 학습을 발견하게 된 거예요"

요한네스는 이 멋진 말로 다채로운 이야기를 완벽하게 마무리했다. 하지만 많은 것들이 여전히 비밀에 싸여 있었다. 나는 도대체 무슨 일에 발을 들여놓은 걸까? 내 머릿속에서 놀이기구가 빙글빙글 돌아가고 있는 느낌이었다.

티미아카테미아가
자리 잡은 곳

요한네스 파르타넨의 흥미진진한 설명을 들은 뒤, 우리는 티미 아카테미아의 시설을 더 둘러보기 위해 나섰다. 지난 3년간 팀프러 너로 일해온 안시가 안내를 맡았다. 티미카마테미아의 활동이 이 루어지는 이 건물은 백 년도 더 전인 1912년에 지어진 건물이다. 1990년대까지 나무를 가공해 합판을 만들던 곳으로, 그 뒤로는 비 어 있었다. 기적이라도 일어나지 않으면 공장은 철거될 신세였다. 그런데 바로 그 기적이 몇 백 미터 떨어진 옛 샤우만 합판공장의 경 영빌딩에서 시작되었다. 티미아카테미아는 계속 성장했고, 그 바람 에 더 넓은 장소가 절실했다. 그래서 티미아카테미아는 이 오래되었 지만 아름다운 제재소의 운명을 바꾸어 '두뇌 공장'으로 사용하기로 했다. 2년에 걸친 리모델링 후, 티미아카테미아는 2000년 가을에 이곳 새로운 둥지로 이사했다.

　목표는 '장(場, 지식은 무형이고 역동적이며 경계를 짓거나 저장될 수 없으므로 지식을 효율적으로 활용하고 창조하기 위해서는 특정한 때와 장소에서의 지식에 집중해야 한다. 이러한 공간을 '장'이라고 하며, 지식이 창조·공유·활용되는 플랫폼을 말한다. '장'은 꼭 물리적인 공간일 필요는 없지만 상호작용이 일어나는 공간이어야 한다. ─옮긴이)'(노나카 이쿠지로·곤노 노보루, 1988)을 만들어내려는 것으로, '장'은 모두의 경험과 성찰을 통해 지식이 창조되고 습득될 수 있는, 공유된 공간을 의미한다. 장의 상태가 되려면, 물리적 장소는 따뜻하고 반기는 분위기에다 상호작용을 북돋울 수 있어야 한다. 개방성, 신뢰, 대화, 공유된 가치가 스며들어 있어야 한다. 장의 상태에서 사람들은 자신의 감정, 경험, 정신모형mental models을 공유할 수 있다. 그렇게 되면 우리는 다른 이를 이해하고 그들이 처한 삶의 상황을 이해하는 법을 배울 수 있다. 하지만 어떻게 해야 티미아카테미아에서 장이 만들어질 수 있을까?

　"지금 우리가 있는 곳은 중앙홀이에요." 안시가 설명을 시작했다. "함께 참여하는 행사는 모두 이곳에서 열립니다. 매달 팀들이 서로의 프로젝트와 현재 이슈에 대해 얘기를 나누는 헤드 카운트 월례행사를 가져요. 중앙홀은 매우 중요한 미팅 장소입니다. 필요에 따라 테이블을 놓거나 월드 카페와 오픈스페이스 환경을 만들 수도 있어요. 세미나는 물론 심지어 스탠드업 코미디도 한답니다."

안시는 활짝 웃으며 말했지만, 나는 월드 카페와 오픈스페이스가 무엇인지 알 수 없었다. 약간은 특이한 이벤트처럼 들렸다. 벽에 수십 개의 긴 의자들이 쌓여 있는 걸로 보아 더 큰 규모의 그룹 미팅도 가능해 보였다. 안시가 말을 이었다.

"중앙홀 바로 옆에는 하드 밈 카페^{HMC, Hard MYM Cafe}가 있답니다. MYM은 '세계일주'의 핀란드어 약자로, 각 팀은 졸업할 때 이 세계일주를 학습 여정의 정점으로 삼습니다. 이 카페의 목적은 이야기를 공유하고 여행의 열기를 불어넣는 거예요. 벽은 이전 여행 사진들로 꾸며져 있고, 저쪽 구석에 높이 달린 스크린으로는 유럽의 모든 티미아카테미아와 온라인으로 연결해서 네덜란드, 헝가리, 프랑스, 브라질, 바스크 지방의 아카테미아에서 무슨 일이 진행되고 있는지 한눈에 볼 수 있죠. 하드 밈 카페는 우리에게 정말로 중요한 미팅 장소예요. 티미아카테미아에는 아침에 오는 게 좋아요. 신선한 커피 향을 맡을 수도 있고 카페에 앉아 있는 친구들을 만날 수도 있거든요."

안시는 당장 커피를 마시고 싶은 듯한 얼굴로 말했다.

"가위바위보 게임에서 이기면 50% 커피 할인 쿠폰도 받을 수 있어요. 마이니오 협동조합이 백만 유로 매출을 달성했을 때는 딸기 케이크를 무료로 제공한 적도 있어요. 하드 밈 카페는 정신적이자 물리적인 공간입니다. 이곳은 따뜻하고 대화를 촉진하는 동시에 영감을 불러일으키고 공동의 목표에 도달할 에너지를 만들어내죠. 생생한 스토리는 감동과 대화, 의미를 만들어냅니다."

이때 책과 옷으로 채워져 있는 기묘한 부스가 눈에 들어왔다.

"저건 뭔가요? 꼭 뉴욕에 있는 브랜드 상점의 조명 같네요."

내가 물었다.

"아, 티미아카테미아의 브랜드 상점이에요!"

안시가 들뜬 목소리로 대답했다.

"전에는 복사실로 사용되던 곳인데 빌레, 비르피, 예레가 복사기를 밖으로 옮기고 벽에 페인트칠을 하고 선반과 옷걸이대를 설치하고 마지막으로 밝은 할로겐 등을 달았어요. 그렇게 해서 로켓 수리점이 마련된 겁니다. 이곳에서는 최고의 경영서, 노트, 티셔츠, 모자, 후드 티, 포스터, 제도 재료, 독서 의자, 전등, 장난감, 열기구, 로켓 같은 걸 팔아요."

안시는 판매 목록을 끝도 없이 읊었다.

나는 의아한 얼굴로 그 작은 상점을 바라보며 샘솟듯 질문을 쏟아냈다.

"왜 로켓 수리점이라고 불리나요? 무슨 상점 이름이 그렇죠? 로켓이며 폭발물 같은 건 어디에 있어요? 제가 늘 관심이 있던 것들인데."

안시가 빙그레 웃었다. 많은 방문객들이 같은 질문을 해왔기 때문에 바로 대답할 준비가 되어 있었다.

"로켓은 몇 년간 우리에게 영감을 준 주제예요. 요한네스 파르타넨이 티미아카테미아에서 이루어지는 학습 모델을 구상했을 때 시

◆ 하드 밈 카페

◆ 로켓 수리점

펭귄 티르코넨은 의아한 얼굴로 작은 상점을
바라보며 샘솟는 질문을 쏟아냈다.
"왜 로켓 수리점이라고 불리나요? 무슨 상점
이름이 이렇죠? 로켓이며 폭발물 같은 건 어디
에 있어요? 제가 늘 관심이 있던 것들인데…"

작되었죠. 그 모델을 포스터로 만들어 벽에 붙였어요. 방문객들에게 우리가 하는 일을 더 쉽게 설명하려고 말입니다. 프랑스에서 온 친구 에티엔 콜리뇽이 포스터를 보고는 앞에 멈춰 서서 말했어요. '꼭 로켓 같은데.' 모두가 열광하며 박수를 쳤어요. '로켓 모델'이 탄생한 순간이었죠. 그 다음부터 '휴스턴 콜(티미아카테미아 팀 기업들이 정기적으로 모여 서로의 진행 방향과 진척도를 공유하는 커뮤니티 이벤트. 로켓 모델에 기반하여 학습하고 일하는 팀 기업들은 휴스턴 콜을 통해 새로운 고객이나 아이디어를 발굴하는 등 공동체 학습을 해나간다. 나사NASA에서 로켓을 제어하는 관제탑 역할을 하는 센터가 미국 휴스턴에 있는 것에서 착안했다. —옮긴이)' 행사를 위해 한 달에 한 번씩 모였어요. 모든 벽을 로켓 포스터로 채우고는 로켓 수리점이라는 이름을 붙였어요. 초기에 이 상점은 약간 특이했어요. 근처 원예 상점에서 사 온 작은 온실을 입구에 두고 상점을 운영했죠. 작긴 했지만 영업시간 동안에는 온실 바깥에 옷걸이대와 판매대를 펼쳐두어 활기 넘치는 작은 마켓이 되었어요."

여기에 있는 것 하나하나에 스토리가 있는 것 같았고 나는 그게 마음에 들었다. 이제는 로켓 수리점이 뜻깊은 장소로 다가왔다. 우리는 겨드랑이에 공책을 낀 채 투어를 계속했다. 나는 진짜 학습용 로켓을 구입하고 싶었지만, 상점에는 로켓이 그려진 포스터만 있었다.

티미아카테미아에는 교사가 아니라 코치들이 있다. 그래서 교무실이 없는 대신 활기 넘치는 대강당 중앙에 '코치들의 자리'가 있다.

"음, 때로는 약간 정신없는 장소가 되기도 해요. 어느 팀원하고 이야기를 나눈 지 3분 만에 또 다른 펭귄이 새로운 아이디어를 가지고 오는 일도 있답니다. 우리가 여기에 있는 건 바로 펭귄들을 위해서죠. 우리는 조언과 안내가 필요한 누구든 돕습니다. 한번은 레토넨 코치가 학생 두 명에게 '코치들의 자리'가 너무 붐벼서 출입구와 신호등이 필요하다고 말한 적이 있어요. 그러자 그 학생들이 시청에서 진짜 신호등을 빌려와

↑ 코치들의 자리

세우려고 계획했지요. 다행히 그 프로젝트는 실현되지 않았어요."

에시 실벤노이넨 코치가 말했다.

코치들은 실제로 사무실이 따로 없다. 다른 사람들처럼 코치들도 칸막이 없이 열린 공간에서 일을 한다. 문을 두드리고 넘어야 할 문지방이 없으니 누구나 쉽게 도움을 요청할 수 있다. 이 열린 공간은 지식이 팀들 사이에 쉽게 퍼지도록 한다. 실패의 탄식과 성공의 함성이 사방으로 전달된다.

"이 열린 공간은 정말로 멋진 것 같아요." 우리가 빌리 팀이 있는 곳을 방문했을 때 빌리가 상기된 목소리로 말했다. "우리가 하는 구상은 교실과 긴 복도가 있는 곳에서는 실현되기 힘들죠. 창의성이 퍼지고 흐르는 이런 공간이어야 해요. 이곳에서 우리는 종일 쉴 없

↑ 독서 공간

↑ 교육 공간

이 일하고 늦은 시간까지 머물기도 합니다. 주말에도 많은 사람들이 오는데요, 이 공간이 일하는 데 영감을 줄 뿐 아니라 집에서 혼자 일하는 것보다 친구와 함께 일할 때가 더 즐겁기 때문이죠."

각 팀 기업은 직접 업무 공간의 인테리어에 대한 계획을 세울 수 있다. 각 팀은 제각기 독특한 '취향'이 있고, 그래서 팀 공간은 '취향 공간Odour Workshops'이라고 불리기도 한다.

팀의 업무 공간이 이런 것들로 채워져 있으면 방문객들은 팀의 업무 진행 현황을 분명하게 파악할 수 있다. 티미아카테미아의 큰 도전 중 하나는 공유 공간을 깨끗하고 잘 정돈된 상태로 유지하는 것이다. 다양한 프로젝트를 동시에 진행하기 위해서는 많은 자료와 물품이 필요하고, 이는 물품 보관 문제를 초래하기도 한다. 주로 큰 행사 후에 물품과 장비가 로비에 쌓인 채 몇 주 동안 방치되는 경우가 있으므로 물품들을 충분히 보관할 장소가 반드시 필요하다.

우리의 투어는 티미아카테미아의 1층에 있는 '아이디어 식당'에서 끝났다. 이 식당은 경쾌한 소음으로 가득했다. 사투 수오얄라 코치가 작은 스마트 카를 가지고 왔는데, 식당을 운영하는 협동조합 팀프러너들이 수오얄라에게 내년 여름에 열리는 네스테 랠리 핀란드Neste Rally Finland에 참가하라는 농담을 했다.

"거기 나가면 카트 부문에서 분명 우승할 거야!"

질 좋은 점심식사를 제공하는 것으로 유명한 아이디어 식당은 훌륭한 미팅 장소다. 손님 대부분은 루타코 지역에서 일하는 사람들이다. 점심시간을 제외하고 이곳의 테이블은 주로 티미아카테미아 학생들과 코치가 차지한다. 여기에서 운영 그룹 미팅, 개발 토론, 프로젝트 워크숍 등을 진행한다. 이곳은 또한 코치들이 서로 시간을 보내기에도 좋은 곳인데, 이곳의 미래를 그려보며 자주 시끄러운 대화를 나눈다. 티미아카테미아가 옐로, 블루, 그린 아카테미아 혹은 아카데미로 나뉜 것도 그들이 주도한 일이었다.

취향 공간에 꼭 있어야 할 것들

- 컴퓨터 한 대, 테이블 하나, 의자 여러 개
- 10명이 회의를 할 수 있는 테이블과 의자
- 휴식을 취할 수 있는 소파 혹은 여러 개의 쿠션 의자
- 팀의 즐거운 순간을 담은 사진들
- 책 선반, 프로젝트 파일, 팀원들의 포트폴리오
- 가능하다면 냉장고, 전자레인지, 커피메이커
- 팀 이름과 로고 간판이나 조명판

벽에 붙여두어야 할 것들

- 각 팀의 성장을 글 혹은 스티커로 표시한 로켓 모델 포스터
- 차트 형태의 방문 고객 도표
- 티미아카테미아의 '이끄는 생각' 포스터
- 매출 및 수익 그래프
- 세계일주 예정 경로를 표시한 세계지도
- 팀과 팀 멤버들이 받은 상들(상은 봄과 가을에 주어진다.)
- 모든 팀원들이 달성한 북포인트 도표

나는 옐로 아카데미아 소속의 펭귄이 되었다. 이 색깔별 아카데미에는 1학년, 2학년, 3학년, 4학년(졸업 예정 팀)이 있다. 또한 여행과 음식 공급을 담당하는 팀도 있는데, 이 팀은 자체적으로 식당을 운영하고 있다. 총 75명의 학습자로 구성된 옐로 팀에는 코치 두 명과 수습 코치 한 명이 있다. 펭귄 팀에는 팀코치 두 명과 창업을 돕는 초청 리더 한 명이 있다. 모든 구성원이 함께 전략회의, 세미나, 스포츠 이벤트 등을 조직한다. 상급 팀의 도움을 받을 수 있다는 것은 좋은 일이다. 선배들은 트레이닝 세션에 함께하여 조언하고 자극을 주고받는다.

우리 팀의 구성원은 총 12명이고, 네 시간짜리 트레이닝 세션을 매주 두 번 갖는다. 우리 팀은 다시 네 개의 학습조로 나뉜다. 이 학습조에서는 대화가 좀 더 쉽게 이루어지며 모든 이가 서로의 이야기에 귀를 기울이게 된다. 학습조는 프로젝트, 책, 학습계약 등을 논의하는데, 매주 두 시간에서 네 시간 동안 만난다. 티미아카데미아에서는 약 200명의 학습자들이 공부한다. 일 년에 몇 차례 큰 행사도 여는데, 매달 열리는 '헤드 카운트', 가을학기와 봄학기 끝에 있는 '기쁨의 날the Days of Joy', 일 년에 두 차례 열리는 '로켓 데이Rocket Days' 등이 있다.

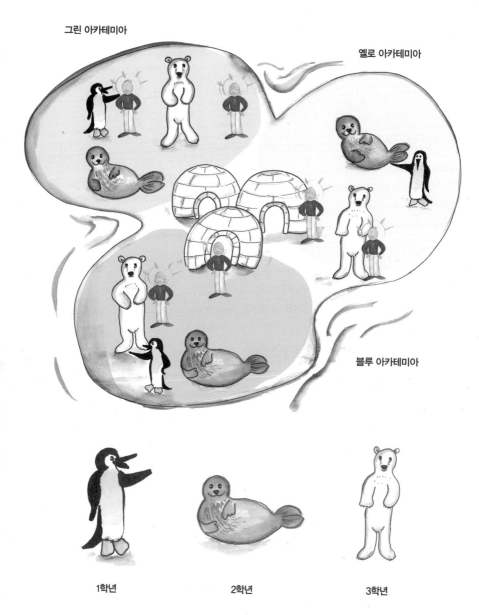

그린 아카데미아

옐로 아카데미아

블루 아카데미아

1학년　　　　　　2학년　　　　　　3학년

수비가 진지하게 자신의 생각을 풀어냈다.

"티미아카테미아에 '이끄는 생각'이 있다는 것은

우리에게 정말 행운이에요. 정책 공유가 중요하잖아요.

모든 팀 기업들이 독자적으로 기본 원칙을 세울 수는 있지만,

우리가 가치를 공유하지 않는다면

어떻게 서로가 서로에게 배우고

유대가 긴밀한 공동체로 일할 수 있겠어요?"

티미아카테미아의
'이끄는 생각'

　내가 티미아카테미아에 진학하기로 했다고 부모님께 말씀드렸을 때 두 분이 전혀 기뻐하지 않았음을 고백해야겠다. 부모님은 이곳의 학습 방법에 회의적이었다. 아버지는 심각하게 물었다.

　"제대로 된 학교나 대학에서 공부해야 되는 거 아니냐?"

　"거길 졸업하면 무슨 직업을 가질 자격이 생기니?"

　"그곳을 졸업하는 사람이 있기는 하냐?"

　"좀 더 생각해봐야 하는 것 아니냐? 글쎄, 네가 정말로 지원한다면 거길 마친 뒤라도 다시 다른 학위과정을 밟아야 할 거다. 석사학위가 필요할 수도 있어!"

　나는 자신 있게 대답했다.

"맞아요, 아빠. 좋은 의견이에요. 티미아카테미아를 졸업한 뒤에 대학에 가면 1, 2년 안에 석사학위를 받을 수 있다는 거 아시나요? 티미아카테미아에서 받은 모든 학점은 학위과정에서 인정돼요."

실제로 티미아카테미아의 졸업생 몇몇은 대학에서 공부를 이어가고 있고, 게다가 꽤나 잘하고 있다. 팀에서는 주도적으로 학습하는 방법을 배운다. 그래서인지 티미아카테미아 졸업생들이 강의나 시험을 지루해한다는 얘기도 들린다. 어떤 교수들은 강의 시스템에 문제를 제기하는 경향이 있는 이곳 졸업생들을 좋아하지 않는다고 한다.

"티미아카테미아를 실제로 방문해보시면 좋을 것 같아요. 방문객을 위한 특별한 날이 있기는 하지만 언제든지 방문하실 수 있어요."

부모님을 안심시키려고 내가 말했다.

나는 지난 몇 주 동안 집에 가지 않았다. 시간은 사하라 사막의 모래처럼 빠르게 날아가 어느새 늦가을이 되었고 저녁 어스름이 점점 짙어지고 있다. 읽어야 할 책들은 여전히 많지만 잠을 물리치기가 점점 더 어려워진다.

티미아카테미아의 '이끄는 생각'이 내일 아침 트레이닝 세션의 주제다. 모두가 A5 크기의 소책자를 읽을거리로 받았다. 지난밤에 읽고 생각해봤지만 아직 내용을 정확히 파악하지 못했다. 코치가 팀을 소그룹으로 나눴고, 우리 팀은 커피를 마시러 아이디어 식당으로 향했다. 레토넨 코치가 모닝커피를 들고 우리 테이블에 앉았다. 코

치는 방금 일어난 것처럼 보였는데, 간밤에 블로그에 글을 썼다고
했다.

"그러니까, 여러분은 '이끄는 생각'에 대해 이야기하고 있는 거
군요."

레토넨이 입을 떼고는 이어 말했다.

"티미아카테미아는 '이끄는 생각' 없이는 이렇게 성장하지 못했
을 거예요. 몇 년 전 언젠가 파르타넨과 내가 아래층 합판공장 공간
에 앉아 있었어요. 그때 거긴 텅 비어 있었죠. 팀프러너는 물론 청소
원조차 보이지 않았죠. 모두가 우리를 버린 걸까, 하고 있을 때 요한
네스가 그 특유의 긍정적인 말을 했어요. '자네도 알잖아, 우리 문화
가 일천하긴 하지만 사실 그걸로 충분하다는 걸 말이야!' 당시 우리
는 바닥을 치고 있었지만, 그 이후로는 줄곧 상승세였죠."

레토넨이 웃으며 블랙커피를 한 모금 마셨다.

"이런, 혀를 데었네!"

그의 말에 모두들 놀랐지만 정작 레토넨 자신은 태연히 말을 이
었다.

"이끄는 생각, 맞아요, 여러분은 그걸 철저히 공부해야 합니다.
그게 여러분을 팀프러너십의 정점으로 안내할 겁니다."

아마 독자 여러분도 나와 같은 생각일 것이다. 코치들의 이야기
는 무척 다채롭다. 내가 보기에 그들은 그들만의 언어와 용어를 만
들어낸 듯하다. 코치들이 하는 말은 때로는 재미있고 또 어떤 때는

이해하기가 무척 어렵다.

수비가 진지하게 자신의 생각을 풀어냈다.

"티미아카테미아에 '이끄는 생각'이 있다는 것은 우리에게 정말 행운이에요. 정책 공유가 중요하잖아요. 모든 팀 기업들이 독자적으로 기본 원칙을 세울 수는 있지만, 우리가 가치를 공유하지 않는다면 어떻게 서로가 서로에게 배우고 유대가 긴밀한 공동체로 일할 수 있겠어요?"

"이끄는 생각은 정말 흥미로워요. 우리가 고안한 건데 매년 NJL에서 다시 고쳐지죠."

엘모가 컵에 담긴 티백을 돌리며 말했다.

"NLJ가 뭔가요?" 하고 수비가 물었다.

"NLJ가 아니에요."

살짝 웃는 얼굴로 눈을 반짝이며 레토넨이 말했다.

"NJL^{Nuoresta Johtajasta Liideriksi}이라고, '젊은 리더를 위한 리더십 프로그램'의 약자랍니다. 그러니까 리더십 코칭 프로그램인데, 여러분도 1월에 지원할 수 있습니다. 선발된 학습자들은 보통 팀 리더와 규모가 큰 프로젝트 매니저들입니다. 정말 멋진 프로그램이어서, 선발된다면 충분히 참여해볼 가치가 있어요. 1년짜리 프로그램이고 중간에 핀란드 중부지방의 시골집에서 이틀씩 6회에 걸쳐 진행되는 코칭 기간도 있어요. 모르바, 타울룬 카르타노 등지에서 스모크 사우나나 자쿠지에 들어갈 수도 있고요!"

'펭귄 티르코넨'이 테이블 아래에서 다리를 흔들며 말했다.

"이곳은 시작부터 무척 혼란스럽네요."

그의 불평이 이어졌다.

"그리고 티미아카테미아는 이상하달까요, 어쨌든 정말 독특한 곳 같아요. 선배나 코치들이야 이끄는 생각을 받아들일 시간이 있었으니 신뢰할 수 있겠지만, 우리 펭귄들은 어떡해야 하는 거죠? 우리는 이것저것 이해하는 데 온 힘을 다하지만, 우리가 듣는 것들은 제 머리로는 알 수 없는 횡설수설 같기만 해요. 그런 가치나 내용을 이해할 수가 없어요. 그것들을 이해하는 데는 시간이 필요하단 생각이에요. 이 모든 혼란을 정리할 도움이 필요해요. 먼저 학기 초에 선배들과 함께 이끄는 생각을 살펴볼 수는 없는 걸까요?"

"지금 어떤 학교에서 공부를 하고 있다고 생각하나요?"

레토넨이 당황한 기색으로 물었다.

"티미아카테미아는 학교가 아니라 일하는 공간이고, 여러분은 팀 기업 안에서 일하고 있는 겁니다. 오늘은 이끄는 생각이란 걸 경험해본 첫 번째 시간이니 너무 걱정하지 않아도 됩니다. 모르는 게 있으면 누구와도 얘기를 나눌 수 있어요. 이곳 사람들은 언제든 도와줄 준비가 되어 있으니까 그냥 물어보기만 하면 됩니다."

레토넨은 자신이 맡은 학습자들의 학습 내용을 하나하나 확인했다. 우리는 생각에 잠겼다. 이끄는 생각에서 읽은 바에 따르면 티미아카테미아에서 첫째로 중요한 것은 파트너십을 만들고 유지하는 인간관계다. 우리의 토론 주제는 가족 이야기로 넘어갔다. 우리 부모님이 티미아카테미아 방문을 계획하고 있다는 이야기를 하려는데, 마침 요한네스 파르타넨이 커피를 가지고 우리 테이블로 오는 바람에 그 이야기는 다음 기회로 미뤄야 했다. 그 대신 이끄는 생각에 대한 그의 의견을 물을 좋은 기회가 왔다.

"여기 펭귄 여러분은 무슨 얘기를 하고 있나요?"

요한네스가 열심히 풍선껌을 씹으며 물었다.

"이끄는 생각이란 게 뭘까 궁금해하고 있었어요." 내가 대답했다. "저희는 아직 이해하지 못했어요. 그래서 도움이 필요하다는 말을 하고 싶어요. 이끄는 생각이 왜 만들어진 거죠? 사실 그 두툼한 소책자에 실린 게 도대체 뭔 소린지 모르겠어요."

요한네스가 웃으며 자리에 앉아 말을 이었다.

"뭔 소린지 전혀 모르겠다고요? 그것 참 이상하군요. 완벽히 이해할 수 있는 말로 쓰여 있는 건데요. 이끄는 생각은 우리가 영감을 얻는 원천이에요. 들어봐요. 여러분에게는 자기 훈련과 겸손한 자세가 필요하고, 동시에 미래의 성취에 대해 건강한 자신감이 있어야 하죠. 그래야만 자신의 목표에 도달할 수 있어요. 티미아카테미아의 다음 비전이 무엇인지 알아요?"

내게 비전은 익숙하지 않은 단어였지만 엘모는 그 말이 미래와 관련이 있다고 생각했다.

"맞아요. 비전은 미래에 관한 것이고, 그 주된 목적은 우리가 공유하는 목표를 향해 나아갈 수 있도록 영감을 주는 것입니다. 티미아카데미아의 비전은 2037년 11월 19일까지 이 영역에서 세계의 최고의 훈련기관이 되는 거랍니다. 그때쯤이면 나는 아흔 살이 될 테지요. 티미아카데미아는 2000년에는 마케팅 분야에서 최고 기관이었고, 2006년에는 팀프러너십에서 최고 기관이었어요. 우리의 목표는 2013년 1월 19일까지 유럽에서 분야를 막론하고 팀프러너십의 최고 기관이 되는 거죠."

요한네스가 말했다.

날짜와 연도가 많이도 등장했다! 어쨌든 티미아카데미아가 기묘하고 독특한 장소인 건 틀림없다. 이런 특이한 곳이 또 있다 하더라도 많지는 않을 것이다. 요한네스가 말을 이어갔다.

"알다시피, 우리가 미래를 예측할 수는 없지만 창조해나갈 수는 있잖아요. 그거야말로 멋진 일 아닙니까? 이 이끄는 생각을 믿고 지지하면서 그에 따라 행동할 수 있겠습니까? 생각해보고 실천할 수 있을지 결정하도록 해요."

요한네스는 우리 한 사람 한 사람의 눈을 바라보고는 커피를 한 모금 마신 뒤 트레이닝 세션을 위해 자리를 떴다.

우리 테이블에는 긴 침묵이 흘렀다. 마침내 내가 침묵을 깨며 말을 꺼냈다.

"티미아카데미아에서는 이끄는 생각이 정말 중요한 모양이네. 우리 좀 더 자세히 살펴본 후 다시 돌아와서 이야기를 나눠보는 게 좋지 않을까?"

우리는 티미아카데미아 곳곳으로 흩어졌다. 나는 빈백에 파묻혀 생각에 잠겼다. 나는 이미 팀에 속해 있고, 팀은 이제 등록만 마치면 협동조합 형태로 일할 수 있는 상태다. 그렇게 되면 팀은 진짜 팀 기업이 될 것이다. 하지만 어떻게 고객을 찾고, 또 그들을 위해 무엇을 할 수 있을까? 고객들에게 서비스나 제품을 제공해야 하지 않을까?

티미아카데미아를 두고 많은 사람들이 학교라고 부르기는 하지만 이곳은 학교가 아니다. 이곳은 우리가 팀프러너로서 일하는 하나의 큰 기업과도 같은 공동체다. 어떻게 보면 이끄는 생각은 이 공동체의 독립선언문으로, 기존의 낡은 행동양식의 답습을 깨뜨린다. 우리가 어떤 사람이어야 하고 무엇이 되어야 할지 말해주는 고귀한 안내책자처럼 말이다. 이끄는 생각은 실천해야 할 계명 같은 것이어서 우리가 가라앉지 않기 위해서 해야 할 일을 알려준다.

티미아카데미아에서 하는 학습이 앞으로의 3년을 위한 삶의 방식이나 학습방식이 될 수 있을까? 얼마나 많은 학습자들이 이런 생각을 제대로 소화했을까? 하는 궁금증이 생겼다. 어쩐지 우리 가운데 많은 학생들이 코치에게서 완벽한 시간표와 자세한 설명과 지시를 받을 것이라고 기대하는 것 같았지만, 정작 우리는 어떻게 학습이 측정되고 평가되는지 알지 못했다.

이끄는 생각은 우리가 이곳에서 어떻게 지내야 하는지 알려주고, 학습계약서는 우리가 어떻게 배워야 하는지를 알려준다. 나는 몹시 혼란스러워서 눈을 감고 숨을 깊이 들이마셨다가 내쉬었다. 헤이키 토이바넨 코치가 우리 트레이닝 세션에 왔을 때 알려준 것처럼 한 것이다. 그러자 이내 긴장이 풀리고 잠이 들었다. 내가 코 고는 소리가 내 귀에 들렸다.

티미아카테미아의 가치

인간관계, 파트너십의 형성과 유지

팀프러너십

지속적인 트레이닝 세션, 함께 일하기
우리 자신의 일터를 창조하기 위해 우리 스스로를 코치한다. 네트워크에는 힘이 있다.
우리는 우리 환경에 대한 책임을 알고 이해한다. 우리는 서로 돕는다.

지속적 실험과 새로운 것 만들어내기

실용성, 실천을 통한 배움

5

여행 / 국제성

목표

모든 팀프러너는 자신의 프로젝트에서 얻은 수입과 국제적 네트워크의
도움을 통해 세계일주를 진행한다.

티미아카테미아의 가치를 보완하는 원리

각자의 책임감

모든 것은 개인에게서 시작한다. 팀프러너들은 매일 팀 기업 안에서 자신의 역할을 찾아내야 한다.
자유는 책임을 동반하며, 그렇기에 다른 사람이 아닌 우리 자신에게 책임을 묻는다.

활동의 원칙

우리는 고객과의 협업을 통해 팀 기업의 성과를 달성한다.
우리가 하는 활동은 즐겁고 생산적이며 평범하지 않다.

팀프러너십

모든 팀 기업은 티미아카테미아에 어떤 부가가치를 가져올지 생각해야 한다. 우리는
서로 돕는 팀 기업 안에서 우리를 발전시킨다. 우리의 목표와 결과가 우리 일의 방향을 알려준다.

지식의 확산

모든 팀프러너는 반드시 티미아카테미아 활동의 큰 그림을 이해해야 한다.
그 활동으로 우리는 새로운 지식을 창조하고 경계를 넘어 퍼뜨려야 한다.

학습

새로운 통찰의 원천은 대화, 토론, 경험의 공유, 관찰, 책, 실천이다.

유산

우리는 우리의 경영 문화를 소중히 여기고 이를 다음 팀프러너를 위한
유산으로 남길 것이다.

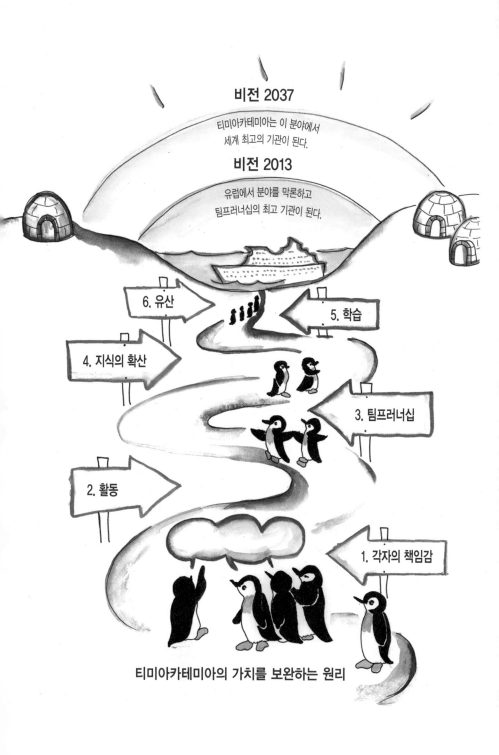

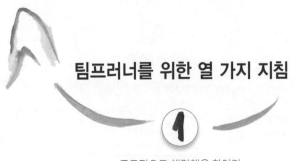

팀프러너를 위한 열 가지 지침

주도적으로 해결책을 찾아라.

혼란한 상황을 관리하는 방법을 배워라. 그것이 창조적 과정의 첫 단계이다.

주저하지 말고 실험하라. 기꺼이 실수하고 그로부터 배워라.

문제에 대한 걱정으로 힘을 소모하지 말고 해결책에 에너지를 쏟아라.

최선을 다하고 목표를 높게 세워라.

장애물이 아니라 가능성을 보라.

다양성을 이해하고 대담히 너 자신이 원하는 대로 하라.

웃고, 즐기고, 뛰어들어라.

자만하지 말고 네가 이룬 성공을 되풀이해서 재창조하라.

다른 사람을 존중하고 티미아카테미아 안에 있는 모든 경험과 역량을 이용하라.
남이 먼저 한 것을 따라 하느라 시간을 낭비하지 마라.

티미아카테미아
브랜드

티미아카테미아의 로비에는 대가 굵고 양식화된 꽃 세 송이가 그려진 크고 화려한 포스터가 있다. 꽃의 독특한 뿌리에는 티미아카테미아 브랜드 로고가 새겨진 봉투가 보인다.

포스터 위에는 이렇게 쓰여 있다. "티미아카테미아 리더십 모델". 이 포스터는 로고타코모 사의 야코 메텔레가 디자인했는데, 1960년대의 화려한 히피 스타일을 모방한 것이다. 공동체 브랜드의 이 시각적 묘사는 토마스 가드의 《4D 브랜딩*4D Branding*》(커뮤니케이션북스, 2007)이라는 책에서 따왔다. 브랜드 코드는 네 가지 차원에서 그 특징을 드러낸다.

기능적 차원

가드에 따르면, 브랜드 코드의 기능적 차원은 고객이 경험한 이익을 의미한다. 상품이나 서비스는 반드시 이름이 명시되어야 하고 맛, 품질, 스타일, 효용과 관계된 모든 것이 그 브랜드의 기능적 차원에 속한다. 티미아카테미아는 어떤 맛일까? 단맛, 짠맛 혹은 신맛? 사람들은 각자의 방법으로 그 기능을 경험하게 된다. 학습이 항상 쉽거나 즐겁지만은 않은 것은 최고의 학습 경험이 불편한 상태에서 이루어지기 때문이다. 티미아카테미아에서는 누구나 자신의 스타일을 선택할 수 있다. 학습, 자기주도적인 방향 설정, 팀의 지지, 일에 대한 숙련이 가장 중요한 요소들이다. 2004년 6월에 나온 핀란드 의회사무국 간행물에 따르면, 티미아카테미아는 에너지와 열기, 혁신으로 가득하다. 이 간행물은 '공유정신모형'이 이런 형태의 혁신 조직에 스며드는 모습을 볼 수 있을 것임을 언급한다. 이런 모델은 새로운 아이디어의 개발과 실현에서 중요한 요소가 되는 경우가 많으며, 그래서 '혁신적 구조'라고 할 수도 있다. 품질은 그 면모가 다양하고 경험하거나 측정할 수 있으며, 개인이 이루어내거나 공동으로 만들 수도 있다. 기능적 품질과 평가는 서로 밀접하게 연결되어 있고, 따라서 티미아카테미아에서는 '360도 평가 모델'이 쓰인다. 이는 동료, 코치, 고객 그리고 작업자까지 함께 평가에 참여함을 뜻한다.

사회적 차원

브랜드 코드의 사회적 차원은 개인이 자신을 특정 그룹과 동일시하고 사회적 정체성을 강화하도록 돕는 브랜드의 힘을 가리킨다. 예를 들어, 티미아카테미아 로고는 우리가 어려움을 이기고 하나가 되어 나아가는 모습을 상징한다. 티미아카테미아 학습자와, 비슷한 연령대의 다른 사람들을 구별하는 건 어렵지 않다고 말하는 사람들이 많다. 보이지 않는 표식이 티미아카테미아 학습자들의 이마에 새겨져 있기 때문이라면서 말이다. 아마도 수십 년에 걸쳐 생긴 강한 공동체 정신, 가치관의 공유, 특별한 문화가 티미아카테미아라는 브랜드의 사회적 특징을 강화했을 것이다. "한번 티미아카테미아 학습자는 영원히 티미아카테미아 학습자인 거야! 그래서 우리는 세계 시민이지!"라고 말할 수 있다.

심리적 차원

심리적 차원은 정서적인 면에서 개인을 지탱하는 능력이다. 브랜드는 일종의 롤 모델이 될 수 있으며 사람들에게 기쁨이나 안정감을 줄 수 있으며 브랜드가 말을 거는 대상은 집단이 아니라 개인이다. 티미아카테미아에서는 평범한 사람들이 자신의 힘으로는 할 수 없는 비범하고 위대한 일을 할 수 있다. 함께 성공에 이르렀음을 느끼는 것이 중요하다. 달리 말하면, 함께 겪은 실패는 좀 더 쉽게 극복할 수 있다. 실패를 함께 극복해나갈 수 있게 하는 것이다. 언젠가 이위베스퀼레 루터교회의 학생 담당 목사가 말했다. 티미아카테미아는 누구도 홀로 내버려두지 않는 강한 공동체이고, 그래서 그곳을 방문하면 늘 기분이 좋다고 말이다. 다른 대학에서도 학생들은 큰 학생 공동체에 속하지만 학생 담당 목사는 그곳 학생들은 외롭고 의지할 곳이 없다고 느낀다고 말한다. 그런 대학에서 학습은 각자가 해내는 작업이지만, 티미아카테미아에서는 함께 배워나간다. 코치들도 긍정적인 자세로 학습자들을 지지한다. 코치들은 학습자들을 지금 이 순간 자기 앞에 있는 사람으로 보는 데 머물지 않고, 학습자들이 되고자 하는 미래의 사람으로 그들을 대하면서 잠재력을 일깨운다.

이 티미아카테미아라는 브랜드가 사람들에게 말하는 것은 무엇일까? 그것은 사람이 가지고 있는 진정한 크기만큼 성장할 기회, 또는 다른 이들과 함께하여 자신의 잠재력보다 더 큰 것을 성취할 기회일 것이다. 마하트마 간디가 했던 이 말이 여기에 딱 들어맞는다. "세상의 변화를 보고 싶다면 우리가 변해야 한다. 그러려면 용기와 확고한 결심이 필요하다."

윤리적 차원

윤리적 차원은 세계 또는 지역에 대한 책임감을 의미한다. 윤리적(혹은 정신적) 차원이란 공동체 전체를 포괄하는 더 큰 체계를 가리킨다. 하지만 티미아카테미아의 미션은 세계를 구하는 것이 아니라 더 나은 세계에 살 수 있도록 세계를 변화시키는 것이다. 이끄는 생각을 공유함으로써 우리는 이 공동체에게 우리 사회의 미래에 대한 책임감을 불어넣을 더 큰 원리와 목표를 찾아 나선다. 사회적 기술, 팀워크 기술, 팀 기업을 운영하고 프로젝트와 동료들을 이끄는 능력 등은 공동체 속에서 가장 잘 길러진다. 재정적, 사회적으로 불안정한 사회에서는 이런 기술들이 많이 필요하다. 우리의 목적은 소극적 관찰자, 추종자에서 나아가 팀프러너로 성장하는 것이다. 즉, 해결책을 찾고 새로운 활동을 만들어내는 사람, 지속가능한 발전과 건강한 경제라는 원칙에 따라 일하며 서로를 존중하는 팀프러너로 성장하는 것이 우리의 목표다. 이를 더 짧게 표현할 수 있을까? 물론이다. "우리는 팀프러너가 이끄는 사회를 만들고 있다."

이상과 같이 4D 브랜드 모델을 이용하여 브랜드의 핵심 메시지 혹은 브랜드 코드를 만들 수 있다. 티미아카테미아의 브랜드 코드는 "우리는 대담하게 팀프러너를 창조한다."는 것이다. 그리고 이 브랜드 코드의 핵심 메시지는 공동체의 기능과 의미를 말해준다.

브랜드 코드는 여섯 개의 영역 또는 배경, 그리고 그것들의 조합으로 구성된다. 이는 다음과 같이 설명할 수 있다.

- 브랜드의 이점 : 티미아카테미아의 학습에서 이익을 얻으려면, 그리고 이 학습 공동체의 일원이 되려면 어떻게 해야 할까?

티미아카테미아는 팀 기업에서 일하고 팀에 속함으로써 즐거운 도전을 경험하고 자신을 발전시키며 꿈을 실현할 수 있는 기회를 제공한다.

- 브랜드의 질 : 티미아카테미아의 다른 점은 무엇이며 어떤 점에서 더 나은가?

티미아카테미아에서는 좋은 책들을 읽으면서 그 안에 등장하는 흥미로운 최신 아이디어를 현실에 적용하는 방법으로 학습한다. 졸업생의 40% 정도가 앙트러프러너가 되며, 그렇지 않은 60%의 취업률은 높은 수준이다. 졸업생들은 놀랄 만한 사회적 기술을 지니고 있으며 팀 안에서 일하고 팀을 리드하는 능력이 탁월하다.

- 브랜드 스타일 : 브랜드 스타일을 가장 잘 설명하는 말은?

티미아카테미아 학습자들은 용감하며Brave 진취적이고Enterprising 열정적Enthusiastic이다. (BEE)

■ 브랜드 미션:사회 안에서 브랜드의 역할은 무엇이며, 브랜드가 만들어내는 공공을 위한 혜택은 무엇인가?

공동체에는 힘이 있다. 우리 졸업생들은 자기 자신과 다른 사람들을 앙트러프러너십(기업가 정신)을 통해 고용함으로써 사회적 책임을 질 준비가 되어 있다.

■ 브랜드 비전:브랜드는 자신의 미래를 스스로 규정할 수 있다. 그렇다면 우리는 어떤 시장에서 경영하기를 원하는가?

티미아카테미아는 2013년 1월 19일까지 선도적이고 경계를 허무는 '최고의 팀 앙트러프러너십 센터'를 만들 계획이다.

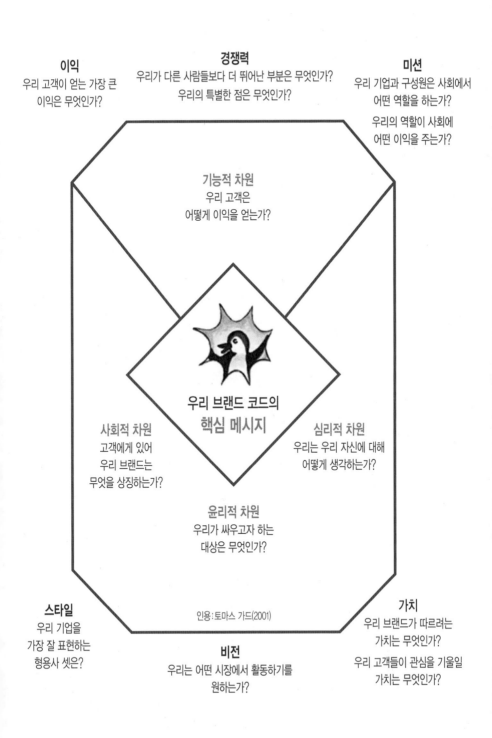

이익
우리 고객이 얻는 가장 큰
이익은 무엇인가?

경쟁력
우리가 다른 사람들보다 더 뛰어난 부분은 무엇인가?
우리의 특별한 점은 무엇인가?

미션
우리 기업과 구성원은 사회에서
어떤 역할을 하는가?
우리의 역할이 사회에
어떤 이익을 주는가?

기능적 차원
우리 고객은
어떻게 이익을 얻는가?

**우리 브랜드 코드의
핵심 메시지**

사회적 차원
고객에게 있어
우리 브랜드는
무엇을 상징하는가?

심리적 차원
우리는 우리 자신에 대해
어떻게 생각하는가?

윤리적 차원
우리가 싸우고자 하는
대상은 무엇인가?

스타일
우리 기업을
가장 잘 표현하는
형용사 셋은?

인용:토마스 가드(2001)

가치
우리 브랜드가 따르려는
가치는 무엇인가?
우리 고객들이 관심을 기울일
가치는 무엇인가?

비전
우리는 어떤 시장에서 활동하기를
원하는가?

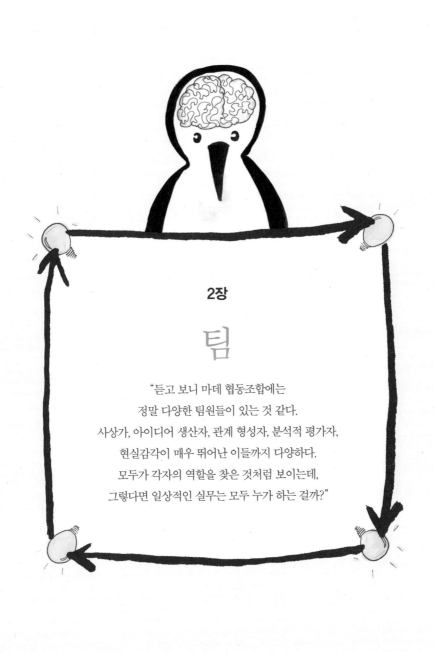

2장

팀

"듣고 보니 마데 협동조합에는
정말 다양한 팀원들이 있는 것 같다.
사상가, 아이디어 생산자, 관계 형성자, 분석적 평가자,
현실감각이 매우 뛰어난 이들까지 다양하다.
모두가 각자의 역할을 찾은 것처럼 보이는데,
그렇다면 일상적인 실무는 모두 누가 하는 걸까?"

팀은
어떻게 탄생하는가

　2000년대에 들어 첫 몇 해까지만 해도 티미아카테미아 팀들
은 이위베스퀼레의 JAMK 응용과학대학에서 1년의 경영학 과정을
이수한 학생들로 구성되어 있었다. 학생들은 미켈리, 라티, 멘테,
케미 토르니오 등의 응용과학대학과 엠세 티미아카테미아 출신이
었다. 2003년이 되어서야 처음으로 40명의 대학 신입생이 티미아
카테미아에 들어왔다. 신입생은 두 팀으로 나뉘었다. 한 팀에 10명
미만은 너무 적고 20명이 넘으면 너무 많다는 것을 코치들이 경험
했기 때문이다. 인원이 적으면 긴장감과 다양한 의견이 부족하고 기
초지식이 협소해진다. 규모가 큰 팀은 상호작용의 관계가 너무 많아
지는 탓에 2~4명의 파벌들이 생기기 쉬운데, 그러면 팀 운영이 더

디고 복잡해진다. 학습에 이상적인 팀의 규모는 13~17명 정도다.

2003년 가을, 열린 공간을 통한 팀 구성이라는 새로운 방법이 시도되었다. 첫 주에 팀원들은 서로를 알아간 후 그들 스스로 금요일까지 팀을 구성하도록 한다는 것이 코치들의 계획이었다. 하지만 학생들은 첫째 날이 저물기도 전에 팀 구성을 끝내고 모두가 자기 자리를 잡아서 코치들을 놀라게 했다. 그 모든 일이 여섯 시간이 채 지나기도 전에 마무리된 것이다! 다음 과제는 그 첫째 주의 남은 날 동안 할 일을 찾는 것이었다. 아이보페술라Aivopesula, 레벨Level, 레드Red, 비시올로스Visiolouhos('비전은 나의 것')라는 이름의 팀들이 탄생했다. 외향적이고 사교적인 성격의 사람들이 한 팀을 이루고, 조용하고 적응력이 좋은 사람들이 또 한 팀, 활발하고 현실적인 사람들이 다른 한 팀에 모였다. 마지막 팀은 흡연구역에서 생겨났다. 열린 공간 방식으로 팀을 구성한 것은 그때가 처음이자 마지막이었다. 성향이 비슷한 사람들끼리 모인 것인데, 그렇게 하면 절대 좋은 팀이 만들어지지 않는다.

"지난 몇 년의 시행착오를 통해 팀을 구성하는 새로운 방법을 알게 되었어요."

에시 실벤노이넨 코치가 활기차게 말했다.

"목표는 긴장감으로 가득한, 다양한 팀을 만드는 것입니다. 그런 팀이라야 구성원 각자의 능력이 강화되고 다양성이 드러나죠. 모든 팀에는 반드시 여자와 남자가 섞여 있어야 합니다. 남자와 여자 사이에서는 자연스럽게 불꽃이 일 뿐 아니라 생각하고 일하는 방식이 서로 다르기 때문이에요. 우리는 좀 더 나이가 있고 팀 활동에 능숙한 사람들을 찾아내어 서로 다른 팀으로 갈 수 있도록 해요. 그런 이들이 삶의 경험과 능력을 팀에 불어넣도록 말이죠."

팀 활동에 즉시 활용할 수 있는 노하우와 업무 경험을 갖고 있으며 전문적 교육을 받은 사람은 늘 부족하게 마련이다. 예를 들어 각 팀에는 미용사, 미디어 보조 인력, 경영학과 졸업생, 웨이터, 배관공이 필요하다. 두 가지 자격증이 있다면 팀프러너로 일하기에 아주 훌륭한 조건이 된다.

"어디 출신이죠? 어느 도시?"

갑자기 헤이키 토이바넨 코치가 물었다. 남녀 학생들에게 어느 지역에서 왔는지 묻는 것은 같은 지역 출신인 학생들이 한 팀에 속하면 안 되기 때문이다. 학생들의 출신 지역이 겹치지 않도록 팀을 구성한다.

"이위베스퀼레에서 태어났어요. 사보, 오스트로보트니아, 카이누, 어디서 오든 펭귄들은 다 비슷하지 않나요?"

내가 대답했다.

"아니, 절대 그렇지 않아요. 완전히 달라요." 하고 헤이키 코치가 말했다. "물론 증명하기는 어렵지만 경험상 그래요. 카이누에서 온 사람들을 절대 한 팀으로 보내면 안 되죠! 이위베스퀼레에서 온 사람들도 마찬가지고요. 같은 지역 출신이 한 팀에 있으면 여가시간을 팀에서 보내지 않고 옛 친구들과 어울리거든요. 그러면 팀의 결속이 더뎌져요."

"우리 팀에는 이살미, 한카살미, 크리스티난카우푼키, 발라, 비라트, 탐페레, 에네코스키에서 온 친구들이 있어. 나는 이위베스퀼레 출신이고. 우리 대부분은 아주 작은 마을 출신이야. 몇몇만이 헬싱키 출신이고. 바람직한 깡촌 아카데미인 셈이지."

내가 마데 협동조합의 필라에게 팀원들이 어디에서 왔냐고 묻자 이렇게 대답했다. 필라는 또 각자가 팀에서 맡을 역할을 고려해서 팀을 구성한다고 말했다. 그녀 자신은 갈등을 중재하고 사람들에게 용기를 불어넣는 조용한 외교 담당이라고 했다. 그녀는 논쟁과 마찰을 싫어해서 팀이 외부의 다양한 사람들과 연결되도록 하는 데 에너지를 많이 쏟는다.

"우리 팀에는 나와 같은 성향인 사람이 없어." 필라가 계속 말을 이어갔다. "카리가 아마도 나와 성격이 비슷할 거야. 그는 팀의 경계를 넘어 관계를 형성하고 언제나 새로운 기회를 찾는 데 주력해. 우린 둘 다 외교적인 성격이지만, 카리가 트레이닝 세션에서 훨씬 더 적극적으로 비판적인 의견을 내놓지. 실제로 팀 안에서 그는 우리의 계획과 일하는 방식을 객관적으로 평가할 수 있는 유일한 존재야. 나는 쉽게 흥미를 잃어버리고 두 가지 가능성 중에서 하나를 선택하는 데 서투르거든. 우리 팀에는 또 현실적인 생각과는 정말 거리가 먼 괴짜들도 있어. 그중 한 명이 유시인데, 우리 팀의 진짜 에너지이저이면서 웃음보따리지."

필라가 말을 이었다.

"이런 빠릿빠릿한 팀플레이어들은 팀에 활력과 에너지를 불어넣어. 때로는 팀원들의 진을 빼놓기도 하지만. 그런 팀원들과 항상 보조를 맞출 수는 없고, 그들이 늘어놓은 걸 치우거나 끝내지 않은 일을 대신 마무리해야 할 때도 있어. 그 친구들은 중요한 프로젝트가 진행되는 중에 집중력을 잃어버리기도 하거든. 뭐, 어쨌든 그게 인생이잖아. 팀에는 그런 친구들도 필요해. 완전히 새로운 아이디어를 제시하기도 하고 창의적인 능력으로 어려운 문제를 풀기도 하니까. 팀워크를 이끌어내는 데도 뛰어나.

또 팀원 모두가 개성이 있어서 각자 독특한 방식으로 팀에 기여해. 몇몇은 다람쥐처럼 발발거리고 다니면서 팀을 돌아가게 만들고, 또 다른 팀원들은 팀 외부에 있는 사람, 조직, 회사와 열정적으로 관계 맺는 것에 초점을 맞춰. 이들은 늘 호기심이 많고 배움에 목말라 있거든.

이렇게 조금 과하다 싶게 관계 형성에 집중하는 팀원에게는 굉장히 흥미로운 점이 있는데, 나 또한 그런 쪽이야."

필라가 자신에 대해 이렇게 털어놓으며 말을 이었다.

"우리에게 가장 중요하고 첫째가는 관심은 다른 사람들이야. 예를 들어, 사미는 고객에게 전화를 하고 약속을 잡는 데 전혀 거리낌이 없지. 수많은 고객을 만나고 다니느라 늘 명함이 동이 나. 팀의 일상 업무를 마무리하지 않고 팽개쳐 둘 때도 있지만, 팀에는 분명히 이렇게 팀 외부와 접촉하는 사람들이 필요하지. 식당에는 반드시 설거지 담당, 요리 담당, 매니저, 웨이터가 있잖아. 팀도 마찬가지 아니겠어?"

"와, 괜찮은 비유인데!" 하고 내가 거들었다. "그럼 트레이닝 세션에서 정신을 딴 데 팔고 있는 것처럼 보이지만 사실은 계속 신경을 곤두세우고 경청하는 사람은 누구에 해당할까? 혹시 식당의 보건감독관?"

"보건감독관, 바로 그거야!" 필라가 대답했다. "나는 우리가 무언가에 열광하고 있을 때 찬물을 끼얹는 빌레의 스타일에 짜증날 때가 있어. 헬리도 비슷하지. 매우 객관적이고 사려 깊은 성격이거든. 둘 다 모든 일에서 부정적인 구석을 찾는 데 아주 빨라. '이건 위험한 일이야, 저건 위험부담이 커서 시작도 하면 안 돼.'라고 하거든. 이 세계는 위험과 재앙으로 가득해서 팀이 시작하려는 모든 일이 딱 망하게 되어 있다는 듯 말이야. 그러니 이들이 유시와 잘 어울리지 못하는 건 당연해."

"그렇다고 그런 친구들이 늘 찬물만 끼얹는다고 할 수는 없어." 필라가 빠르게 덧붙였다. "불편한 진실을 보고 듣는 것이 늘 유쾌하지만은 않지만, 예를 들어 헬리는 우리가 생각의 폭을 넓히고 다른 시각에서 볼 수 있도록 도와주거든. 헬리 덕분에 트레이닝 세션에는 바람직한 긴장감이 넘치고 대화가 진척돼. 지금은 서로 다른 관점과 의견을 객관적으로 평가할 수 있게 되었고, 그런 견해 뒤에는 지금까지 우리가 몰랐던 문제들이 있다는 것을 알게 되었어. 어떻게 사고하는지 배울 때가 바로 우리 의식이 폭발하는 순간이야. 빌레는 책, 이론, 연구 같은 객관적인 정보에 관심이 있어. 빌레는 큰 그림을 이해하고 있고 그걸 바탕으로 팀에 새로운 가치를 끌어들이지. 또 그는 어떻게 우리를 격려하고 논쟁을 중재할지 알고 있어. 지식이 늘어나고 자기 확신이 커지면서 빌레의 냉소적인 태도는 건설적인 비판과 값진 피드백으로 바뀌었고, 그 덕에 이제는 우리가 함께 웃는 일도 종종 생기지."

들고 보니 마데 협동조합에는 정말 다양한 팀원들이 있는 것 같다. 사상가, 아이디어 생산자, 관계 형성자, 분석적 평가자, 현실감각이 매우 뛰어난 이들까지 다양하다. 모두가 각자의 역할을 찾은 것처럼 보이는데, 그렇다면 일상적인 실무는 모두 누가 하는 걸까?

이런 의문에 대해 필라가 설명했다.

"우리가 운영하는 팀 기업은 평범한 일상 업무가 많아. 다행히도 우리 팀에는 책임감이 강하고 바지런한 마리아와 에비가 있어. 이들이 아니라면 누가 영수증을 정리하고 청구서를 작성하고 근무 일정을 짜겠어? 또 누가 회계사나 관공서와 소통하겠어? 규율과 질서를 완전히 무시하고는 일을 진행할 수 없어. 시행착오 끝에 우리가 배운 게 그거야."

"팀의 회계를 책임지고 싶어 하는 사람은 별로 없는 것 같아."
내가 덧붙였다.

"맞아, 사실이야." 하고 필라가 말했다. "하지만 실제로 사업을 배우길 원한다면 재무 담당자야말로 가장 유리한 자리라는 걸 알게 되는 순간이 있을 거야. 팀프러너의 일상 업무는 재정 업무를 통해 구체화되고, 계좌가 바닥이 나려고 할 때 재무 담당자가 일을 수습하고 지출을 통제해야 해. 그것과는 별개로 충분한 수입도 만들어내야 하지."

"에비는 심지어 아주 꼼꼼해." 필라가 말을 이었다. "이 일을 하기에는 너무나 완벽주의 성향이야. 그러면 쉽게 지치거든. 다행히도 그녀는 강인한 성격이어서 그런 압박을 잘 견딜 수 있어. 마리아는 성과와 일 전체에 초점을 맞춰. 현실적이고 실천적이라 우리 업무를 잘 조직해. 둘 중에는 에비가 좀 더 조용한 편이야. 마리아는 때때로 너무 에너지가 넘치고 충동적인 면도 있지만 심지가 굳은 편이야. 남자들이라고 항상 일을 잘 처리하는 건 아니잖아? 이 점이 마리아를 아주 짜증나고 화나게 하지. 무엇보다 마리아는 비효율을 싫어해. 우리는 성과도 내야 하니까."

아무리 좋게 말해도 대책 없이 이질적인 무리처럼 보였다. 그래서 나는 "어떻게 이런 팀이 함께할 수 있어? 어떻게 이런 팀을 이끌지?" 하고 물을 수밖에 없었다.

"에사가 우리 팀의 첫 번째 리더였어. 많은 노하우가 필요한 일인데, 우리가 그동안 좋은 리더들과 함께했다는 건 정말 행운이지. 에사는 동기를 부여하고 영감을 불어넣는 동시에 우리가 성취해야하는 것들에 초점을 맞추도록 하는 방법을 아는 사람이야. 모든 팀원에게 항상 시간을 냈지. 많은 대화와 질문이 오가고 여러 대답을들은 후에 이렇게 말할 만한 사람이지. '어느 누구도 총탄을 피해서엎드려 있어서는 안 돼. 부대는 반드시 전진해야 해.' 하고 말야. 에사는 스스로 본보기를 보이는 리더야. 책임감 있고 성실해. 현재 우

리 팀 리더인 톰미는 약간 달라. 굉장히 독특하고 창의적인 사람이야. 때로는 폭발할 것만 같다가도 금세 가라앉아. 가끔은 혼자 있게 해줘야 돼. 톰미는 언제나 장애물을 제거하고 몹시 힘든 도전을 물리쳐 가며 새로운 길을 여는 사람이야. 그런 점이 팀에게 투지를 불어넣고 비전에 대한 신념을 불러일으키게 돼. 그런 리더 아래에 살라처럼 열심히 일하는 팀원이 있다면 좋은 성과를 내는 건 일도 아니지."

필라의 대답에 이어 내가 말했다.

"솔직히 말하면 난 그런 팀이 약간은 혼란스러워. 마데 협동조합에서 얻은 인상은 다양함과 에너지가 이 팀의 주된 특징이라는 거야. 그러면서도 규율과 체계적인 업무, 균형을 유지하려는 노력이 팀 안에 존재해. 이 두 가지는 거의 음과 양처럼 대립하는 거잖아. 결국 이 팀은 두 개의 서로 다른 정신을 갖고 있다는 말이지."

필라는 "티미아카테미아는 이상한 종교 집단이 아니야."라고 말하며 나의 동양적인 비교를 좋아하지 않는다는 기색을 분명히 드러냈다. "어쨌든 개인의 성장은 우리의 발달 영역 가운데 하나야. 우리 중에는 분별 있고 균형 잡힌 팀원들이 있어. 평소에는 존재감이 강하지 않지만 자리를 비우면 그 부재가 바로 느껴지는 그런 사람 말이야. 팀에서 뚜렷한 역할을 맡지 않지만 팀의 필요에 따라 다양한 업무에 유연하게 적응하는 역할을 해. 마티아스가 바로 그런 인물인데, 정말 멋진 친구야. 물론 토미도 그렇고. 이들은 단지 있는 그

대로의 자기 모습과 자신이 하는 일을 통해서 한 사람 몫을 해내. 그들에겐 많은 말이 필요하지 않지. 엠푸의 예를 들어볼까? 그녀는 팀을 위해 밤낮을 가리지 않고 일하면서도 전혀 피곤해하는 기색을 보이지 않아. 물론 아침 트레이닝 세션에서 졸린 눈을 하고 있을 때도 있지만 말이야. 얼마나 훌륭한 팀원들인지! 모든 팀원이 팀에서 자기 자리와 시간을 차지하고 있다는 것, 그거야말로 놀라운 일이야!"

와! 그건 나도 완전히 동의하는 놀라운 점이었다. 내가 필라에게 감사의 인사로 악수를 청하자 그녀는 팔을 들어 나를 안으며 말했다.

"티미아카테미아에는 딱딱하고 공식적인 에티켓 같은 건 없어. 그런 것 대신에 포옹을 많이, 그리고 길게 하지."

벨빈의 팀 역할

벨빈의 팀 역할 테스트와 팀 역할에 관한 상세한 정보는 그의 책《일터에서 팀의 역할*Team Roles at Work, Original Publication*》(1993. Oxford: Butterworth-Heinemann)과《팀이란 무엇인가*Management Teams: Why They Succeed or Fail. Original Publication*》(1981, Oxford: Butterworth-Heinemann)(라이프맵, 2012)를 참고할 것.

팀 워커: 분위기 조성자

분위기 조성자는 사람들 사이에서 분위기를 알아차리는 능력을 지닌 관찰자다. 이들의 관심사와 영향권은 대인관계다. 이들의 역할은 사람들 사이의 의사소통을 향상시키는 것이고, 따라서 이들에게 논쟁이란 언제나 끔찍한 일이다. 자신의 주장을 강하게 밀어붙이는 대신 다른 사람들을 독려하고 그들의 생각을 지지한다. 분위기 조성자들은 자신이 주목받기보다 사람들과의 관계 형성을 선호한다. 빠른 반응이 요구되는 예상치 못한 상황에서는 결정을 주저할 수도 있는데 이는 다른 이들을 공격하고 싶지 않기 때문이다. 분위기 조성자들은 친숙한 사람들과 한 팀을 이루어 하는 일이 잘 맞으므로 장시간 혼자 일해야 할 때 힘들어한다.

창조자

창조자는 독창적이거나 심지어 파격적이기까지 한 아이디어를 생산해내기도 한다. 상당한 지식을 지니고 있으며 머리가 비상한 경우가 적지 않다. 간혹 내향적인 사람들도 있다. 사람들은 그들을 약간 기이하게 여길 수도 있는데 이는 그들의 생각을 잘 이해하지 못하기 때문일 것이다. 모든 창조자가 자기표현의 달인은 아니다. 이들에게는 생각할 공간과 여유가 주어져야 하는데, 공상을 자주 하고 현실과 현실의 제약을 잊어버리는 경향이 있기 때문이다.

자원 탐색가

자원 탐색가는 초기의 열정이 사그라지고 나면 쉽게 흥미를 잃어버리곤 한다. 하기로 한 일을 하지 않은 채 내버려두기도 한다. 창의적인 면도 있고 아이디어를 내기도 하지만 다른 이나 외부 사람들의 생각을 이용하기도 한다. 자원 탐색가는 대중을 유혹하는 데 능하며 대중과 쉽게 친해진다. 열정적이고 호기심이 많으며 자신이 보고 듣는 것 가운데 새롭고 재미있어 보이는 모든 것에 흥미를 느낀다. 이 '선동가'는 함께 일하는 공동체에게 최신 경향을 알려준다. 도전을 두려워하지 않고 주저 없이 새로운 것들과 씨름한다. 자원 탐색가는 무언가에 쉽게 흥미를 느끼지만, 새로운 것이 눈에 띄면 이전의 흥미를 금세 잃기도 한다. 이 점이 새로운 변화에 적응하는 데 느린 보수적인 사람들을 짜증나게 할 수도 있다. 자원 탐색가는 대인관계 기술이 두드러지는 협상이나 공적인 관계에서 중요한 역할을 한다. 선동가인 이들은 일 공동체 안에서도 열정을 이끌어내고 유지하는 재주가 있다.

냉철판단자

냉철판단자는 차분하고 객관적인 사고형이며 열정 같은 것에는 거의 영향을 받지 않는다. 이들에게 가장 자연스러운 일은 계획과 업무 방식을 분석하는 것이며, 횡성수설하는 경향도 있다. 가능한 한 다양한 관점에서 탐색하고 서로 다른 측면들을 어떻게 고려해야 하는지 안다. 여러 가지 대안에 숨은 위험을 알아차린다. 폭넓게 사고하기 때문에 침착하게 행동하며 서두르는 것을 좋아하지 않는다. 사람들 사이에서는 내성적이며 조심스럽다. 냉철판단자는 말을 많이 하지 않지만 그들이 입을 열 때는 항상 옳은 말을 한다. 지나치게 비판적이 되기도 하기 때문에 흥을 깬다고 느끼는 사람들도 있다.

완성자

완성자는 신중하고 주의 깊으며 항상 마지막 순간까지 확인하기를 원한다. 압박을 잘 견디므로 극도로 바쁜 상황도 잘 참아낸다. 이들이 관심을 두는 것은 그 무엇보다 성과일 뿐, 그 성과에 이르는 과정이 아니다. 양보하지 않고 고집스러운 성격 탓에 이들이 잘못된 것에 집중하게 되면 팀의 작업 속도가 늦어질 수도 있다. 하지만 대개는 이들 덕분에 높은 품질이 보장되고 계획된 일도 완수된다. 완성자는 완벽주의자이기도 한데, 이는 때로 빠른 속도를 선호하고 신속한 해결책을 원하는 사람들을 짜증나게 만들기도 한다. 이들은 정확성, 집중, 끈기가 필요한 일에 잘 맞는다.

실행가

실행가는 책임감 있고 부지런하며 고객 중심으로 열심히 일하는 사람이다. 실질적인 목표에 도달하는 방법과 실행 가능하고 합리적인 해결책을 계획하는 방법을 고민한다. 상식이 풍부하며 대단히 현실적이다. 실행가는 해내야 할 일이 생기면 단계별로 해야 할 일을 구상한다. 이들은 사람이나 아이디어보다 과업에 더 관심을 기울인다. 자기통제력이 강하고 직업윤리가 투철하다. 내적 야망이 강한 실행가들의 내면에는 이들을 몰아붙이는 작은 상사가 존재한다. 이들은 항상 조직의 목표를 자신의 목표에 앞세운다. 기성의 가치를 높이 평가하기 때문에 새로운 사고와 견해에 느리게 반응한다. 의존적인 부하나 상관을 불편해하거나 훨씬 빠른 속도로 일하는 사람들을 이해하기 어려워할 수도 있다. 실행가는 독립적으로 일을 조직하거나 이미 만들어진 체계를 따르면 되는 업무에 잘 맞는다.

추진자

추진자는 업무를 처리하고 결정을 내리는 데 빠르다. 모험적인 일을 열망하고 기회가 찾아오면 위험을 생각하거나 주저하지 않는다. 많은 것을 성취하고 여러 개의 프로젝트를 동시에 진행할 수 있다. 때로 사람들은 이들이 너무 저돌적이고 무신경하다고 생각한다. 추진자에게는 비효율성과 일의 부진을 돌파하는 것이 중요하다. 그래서 불 같은 에너지와 조급함을 지니고 있어 냉정한 감독자로 보

이기 쉽다. 외향적이기는 하지만 인간관계가 크
게 관여되는 일에는 적합하지 않다. 빠르고 효율
적이고 목표의식이 필수인 일에 가장 잘 맞는다.

조정자

    조정자는 사람 지향적이며 조직에서 상당한 수적 우위를 차지
하는 경우가 종종 있다. 편견 없이 다른 팀원들을 보고 그들의 장점
을 찾는 능력이 있으며 사람들을 잘 조직한다. 보통 때는 다소 유연
하고 조용하지만, 위기 상황에서는 매우 적극적이며 신속하고 효과
적인 결정을 내린다. 목표를 달성하거나 팀의 일에 노력을 기울여
참여하는 사람들을 크게 인정한다. 인간관계에서 나서지 않는 편이
며 팀원들에 대해 일정한 거리와 객관성을 유지하려고 노력한다. 다
른 팀원들이 어떤 업무를 처리하기에 좋은 자질을
갖고 있다는 것이 분명해지면 스스로 물러서기
도 한다. 이런 점이 이들이 지닌 효과적인
조정 능력과 팀을 위한 외교적 능력의 중
요성을 알지 못하는 다른 팀원들을 불편
하게 할 수도 있다.

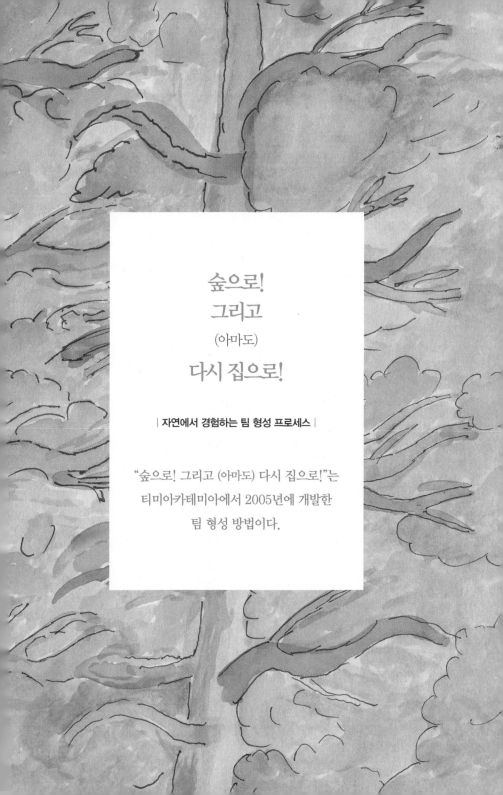

숲으로!
그리고
(아마도)
다시 집으로!

| 자연에서 경험하는 팀 형성 프로세스 |

"숲으로! 그리고 (아마도) 다시 집으로!"는
티미아카테미아에서 2005년에 개발한
팀 형성 방법이다.

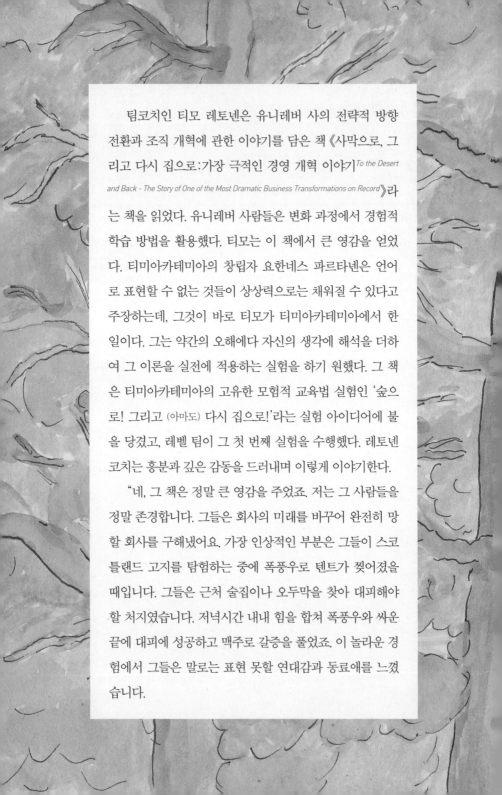

    팀코치인 티모 레토넨은 유니레버 사의 전략적 방향 전환과 조직 개혁에 관한 이야기를 담은 책《사막으로, 그리고 다시 집으로:가장 극적인 경영 개혁 이야기*To the Desert and Back - The Story of One of the Most Dramatic Business Transformations on Record*》라는 책을 읽었다. 유니레버 사람들은 변화 과정에서 경험적 학습 방법을 활용했다. 티모는 이 책에서 큰 영감을 얻었다. 티미아카테미아의 창립자 요한네스 파르타넨은 언어로 표현할 수 없는 것들이 상상력으로는 채워질 수 있다고 주장하는데, 그것이 바로 티모가 티미아카테미아에서 한 일이다. 그는 약간의 오해에다 자신의 생각에 해석을 더하여 그 이론을 실전에 적용하는 실험을 하기 원했다. 그 책은 티미아카테미아의 고유한 모험적 교육법 실험인 '숲으로! 그리고 (아마도) 다시 집으로!'라는 실험 아이디어에 불을 당겼고, 레벨 팀이 그 첫 번째 실험을 수행했다. 레토넨 코치는 흥분과 깊은 감동을 드러내며 이렇게 이야기한다.

    "네, 그 책은 정말 큰 영감을 주었죠. 저는 그 사람들을 정말 존경합니다. 그들은 회사의 미래를 바꾸어 완전히 망할 회사를 구해냈어요. 가장 인상적인 부분은 그들이 스코틀랜드 고지를 탐험하는 중에 폭풍우로 텐트가 찢어졌을 때입니다. 그들은 근처 술집이나 오두막을 찾아 대피해야 할 처지였습니다. 저녁시간 내내 힘을 합쳐 폭풍우와 싸운 끝에 대피에 성공하고 맥주로 갈증을 풀었죠. 이 놀라운 경험에서 그들은 말로는 표현 못할 연대감과 동료애를 느꼈습니다.

폭풍우가 서로를 깊이 이해할 수 있도록 해준 한편, 유니레버를 구해 다시 성공가도에 올려놓겠다는 열망을 불러일으킨 거죠."

그렇다고 티미아카테미아 사람들이 스코틀랜드나 사하라에 간 것은 아니다. 그들의 첫 번째 목적지는 항가스예르비 황무지에 있는 오두막이었다.

"그때 저는 가을 내내 지루하다고 불평하는 이데아벨호트, 레드, 레벨 등 세 팀을 코치하고 있었어요." 레토넨이 이야기를 이어갔다. "저는 헤드 카운트 때 레벨 팀이 새로운 학습자들을 위해 엄청나게 재미있는 행사를 기획하고 있다고 공지했습니다. 그리고 코르필라티 지방청을 통해 항가스예르비의 오두막을 빌려두었고, 콩 수프 두 솥을 준비하기로 약속했죠."

레토넨은 매력적인 미소를 지으며 이어 말했다.

"그래서 거의 30명이 되는 팀원들이 새로 내린 눈이 몇 센티미터 쌓인 숲길과 오솔길 20킬로미터를 걸어 외딴 오두막까지 갔어요. 도중에 길을 잃기도 하고 모닥불에 소시지를 구워 먹기도 했어요. 여정의 마지막에는 따뜻한 수프와 오두막이 우리를 기다리고 있었어요. 침대가 사람 수만큼 충분하지 않아서 몇몇은 바닥에서 자야 했지요. 탐험은 성공이었고, 그 후로 저희는 매년 비슷한 행사를 열고 있답니다."

트레이닝 세션

트레이닝 세션은 티미아카테미아에서 가장 중요한 팀 학습의 장이다. 주 2회, 각 4시간으로 구성되는데 수없는 경험을 참고한 결과 최적의 주기와 시간을 찾아낸 것이다.

이전에 학습자이기도 했던 유카 하시넨은 현재 티미아카테미아의 자료를 만든다. 그는 트레이닝 세션 준비에 3시간이 필요하고 트레이닝 세션 후에도 논의된 생각들을 구체화하고 실천하도록 만드는 데 마찬가지로 3시간이 필요하다고 한다. 트레이닝 세션에서는 대화하는 법을 배우게 되는데, 팀이 대화를 익히려면 최소 100시간이 걸린다고 한다. 1년차 팀과 3년차 팀의 트레이닝 세션을 비교해 보면 대화 수준이 크게 차이가 나는 것을 확인할 수 있다. 트레이닝

티미아카테미아 구성원 모두에게 드리는 정보

**트레이닝 세션에 대한 아래 내용을
티미아카테미아 전체 커뮤니티에 공지합니다.**

- 티미아카테미아에서 기존의 강의실은 트레이닝 세션 공간이 됩니다.
- 좋은 팀은 반드시 정기적으로 트레이닝 세션을 갖습니다.
- 트레이닝 세션에 늦거나 결석하면 안 됩니다.
- 지각한 사람은 첫 번째 휴식시간이 되어야 팀에 합류할 수 있습니다.
- 휴대폰은 반드시 전원을 꺼야 하고, 노트북은 사용할 수 없습니다. 휴식시간 이 끝나면 늦지 않게 모입니다.
- 트레이닝 세션은 4시간 동안 진행되며, 1~2회 휴식시간을 가집니다.
- 트레이닝 세션은 주 2회, 오전 혹은 오후에 열지만, 이틀 연이어 열지는 않습니다.
- 트레이닝 세션은 주의 깊게 준비해야 하며, 진행자는 해당 날짜 몇 주 전에 선정되어야 합니다.
- 사전에 3시간의 준비 시간이 필요하고, 트레이닝 세션 종료 후에도 정리와 합의사항의 실행을 위해 3시간이 필요합니다.
- 참가자들은 몸과 마음 모두 트레이닝 세션에 집중해야 합니다.
- 트레이닝 세션에는 팀코치가 꼭 함께해야 합니다. 팀코치가 없는 모임은 단순한 팀미팅입니다.
- 트레이닝 세션의 의제는 사전에 준비합니다. 의제란 논의해야 할 이슈 목록입니다. 자유롭고 건설적인 대화를 나누기 위해 충분한 시간을 갖습니다.
- 방문객들과 다른 팀에서 온 상호촉진자들도 트레이닝 세션에 참가할 수 있으며, 트레이닝 세션 이후에는 반드시 그들에게 피드백을 요청합니다.
- 트레이닝 세션은 대개 참가자들이 서로 소식과 느낌을 주고받는 체크인 라운드로 시작합니다. 트레이닝 세션의 마무리는 피드백 라운드로 할 수 있으며, 이 경우 충분한 시간을 확보해야 합니다.

2012년 3월 12일, 티미아카테미아 팀코치 일동

⬆ **티미아카테미아 벽에는 트레이닝 세션에 대한 설명이 담긴 흥미로운 포스터가 붙어있다.**

세션의 목적은 각자가 배운 것, 경험한 것, 새롭게 찾은 흥미로운 이론 등을 팀에서 공유하며 각자의 내면에 담긴 지식을 팀원 모두가 활용할 수 있도록 하는 것이다.

여러 사람의 지식을 조합하면 새로운 것이 나온다. 아이디어들이 반짝이고 그 빛이 모여 불이 붙는다. 모든 팀원은 영감을 주는 책을 읽고 에세이를 작성하여 이론적 지식을 습득할 책임이 있다. 활동적이고 부지런한 팀원들은 고객 접촉과 다양한 프로젝트를 수행하면서 생겨나는 이야기와 리포트로 트레이닝 세션을 풍성하게 채운다.

트레이닝 세션에서 생성된 지식은 반드시 학습 다이어리와 요약문 쓰기로 실체화되어야 한다. 그렇지 않으면 모든 깨달음은 잊힐 것이다. 대단히 가치 있는 아이디어와 깨달음이라도 실제에서 시험해보아야 하는 경우도 있다. 계획, 일정, 목표를 먼저 수립한다. 그러면 활동을 조직하는 일만 남는다. 이런 방식으로 팀 기업들은 자신의 목표를 찾아내고 비즈니스를 만든다. 책에서 배운 이론을 실제에 적용하는 것은 가장 도전적이고 즐거운 일이다. 이 과정에서 팀원들은 지적인 도전에 직면하게 되는데, 이 도전을 극복할 때 엄청난 학습 경험이 생겨난다.

얼마 지나지 않아 우리의 첫 번째 트레이닝 세션 시간이 왔다. 플라네타륨으로 가보니 20개가 넘는 회전 안락의자들이 여기저기에 흩어져 있었다.

어느 프로젝트 그룹이 회의를 마치고 정돈하지 않은 채 떠난 것이다. 바닥에는 커피 잔들이 놓여 있고, 몇몇 잔에는 차가운 블랙커피가 남아 있다. 그 공간은 빈 피자 박스와 반만 남은 요구르트 컵으로 '장식'되어 있다. 우리 코치인 에시 실벤노이넨은 이 난장판 때문에 짜증이 난 게 분명하다. 그녀는 방을 청소하고 의자를 둥글게 놓으라고 지시했다.

"원을 만들고 앉아 모두가 서로의 눈을 볼 수 있도록 하는 것이 중요해요. 사이사이에 빈자리가 없도록 하세요. 그렇지 않으면 친밀감을 느낄 수 없고, 우리의 대화는 엉뚱한 곳으로 새어나가게 될 거예요."

새어나간다고? 빈자리 하나 정도는 그렇게 심각한 문제가 아니지 않을까? 그러나 곧 우리는 완벽한 원을 만들고는 아무 말 없이 수줍게 앉았다. 내 앞에는 아무것도 없다. 나는 모든 팀원을 볼 수 있고, 팀원들도 모두 나를 볼 수 있다. 벌거벗은 듯한 느낌과 불안감이 든다. 그제야 만족한 에시는 우리에게 체크인 라운드로 트레이닝 세션을 시작하자고 했다.

"체크인 라운드는 트레이닝 세션을 시작하는 보통의 방법이에요. 모든 사람이 돌아가며 말하고 모두가 경청해야 합니다. 이렇게 하면 과묵한 팀원의 이야기도 들을 수 있고 가장 수다스러운 사람도 다른 사람이 말할 시간을 빼앗지 않게 되죠. 트레이닝 세션을 체크인 라운드로 시작하는 것은 여러분이 이곳에 와 있고 대화를 시작한다는 상징적인 신호이기도 합니다. 트레이닝 세션에 올 때는 자신이 무엇을 가지고 왔는지 스스로 명확하게 알고 있어야 합니다. 칼레부터 시작하세요."

나는 지난 주 바에서 칼레를 만난 적이 있어서 그의 배경을 꽤 많이 안다. 그는 과묵한 팀원은 아니다. 소트카모 출신이고, 철물점과 농산물 가게를 하시는 부모님을 도와 여름에는 딸기를 판다. 아이스하키를 해서 그런지 북미아이스하키^{NHL, National Hockey League} 정신 같은 게 있는 듯 보인다. 티미아카테미아에는 카이누 지역에서 온 사람들이 많았는데, 그 이유는 인토탈로^{Intotalo}('열정의 집')가 카야니에서 수년간 운영되면서 청년들에게 앙트러프러너십 학습을 제공하고 부수적으로 티미아카테미아를 홍보해왔기 때문이다. 칼레 또한 '열정의 집' 출신이며, 티미아카테미아에서 마련해준 입학 기회를 받아들였다. 그는 꽤나 혹사당한 푸조 307 '골든 애로Golden Arrow'를 모는데, 안전벨트를 절대 매지 않는다.

칼레는 의자에 등을 기대고 편하게 앉아서 자신의 근황을 이야기했다.

"기분은 괜찮아요. 주말 동안 소트카모 집에서 지냈고 속도위반 딱지도 끊지 않았거든요! 또 도서관에서 처음으로 책을 빌렸어요. 《갈매기의 꿈》인데 앉은 자리에서 다 읽을 수 있죠. 예를 들면 화장실 같은 곳에서요."

다른 사람들도 모두 "괜찮아요," "기분이 좋습니다." 하고 말했다. 에시 코치는 똑같은 대답에 짜증을 내며 연설을 시작했다.

"혹시 남들과 다른 생각이나 감정을 가져도 괜찮다는 것을 알고 있나요? 이건 굉장히 중요해요. 무언가의 본질을 이해하는 데 도움을 주고 생각할 양분을 제공하지요. '다 괜찮아.'라고 말한다고 우리가 답을 찾을 수 있는 건 아니에요. 오히려 상반된 두 의견이나 관점이 함께할 때 무언가 새로운 것을 만들어낼 수 있지요. 그러니 용기를 내어 여러분이 무엇을 생각하고 어떻게 느끼고 있는지 얘기해주세요. 이렇게 모두가 돌아가며 말하는 것이 이상하게 느껴질 수도 있고 실제로도 비즈니스 세계에서는 상당히 드문 일이지요. 원시 부족들은 이런 연습을 더 많이 한답니다. 모닥불 주변에 둘러앉아 있

"혹시 남들과 다른 생각이나 감정을 가져도

괜찮다는 것을 알고 있나요? 이건 굉장히 중요해요.

무언가의 본질을 이해하는 데 도움을 주고 생각할 양분을 제공하지요.

'다 괜찮아.'라고 말한다고 우리가 답을 찾을 수 있는 건 아니에요.

오히려 상반된 두 의견이나 관점이 함께할 때

무언가 새로운 것을 만들어낼 수 있지요."

는 미국 인디언 부족을 생각해보세요. 거기에는 마법이 있고 그 마법은 실제로 작동하죠."

한나는 자기 생각을 드러내기를 조금 망설였다. 그녀는 긴장한 듯 손으로 펜을 빙빙 돌리다가 말했다.

"음, 제 감정을 말할 수 있을 것 같아요. 저는 여기가 제가 있을 곳인지 전혀 확신이 들지 않아요. 모든 것이 너무 혼란스럽고 정말로 이해가 되지 않아요. 어떤 책부터 읽어야 하나요? 저 동물 책들은 전혀 재미있지 않아요. 도대체 그런 책하고 기업가정신이나 비즈니스가 무슨 관계가 있나요? 아직은 우리가 서로에게 그렇게 열려 있다고 생각하지 않아요. 서로 친해질 시간이 더 필요해요."

에시는 자기감정에 대해서는 어떤 이야기도 하지 않고 말을 이었다.

"한나의 나눔이 제 눈을 번쩍 뜨이게 하네요. 처음에는 모든 것이 상당히 혼란스럽게 느껴진다는 걸 알아요. 새롭고, 심지어 두려움을 느낄 수도 있는 배울 거리가 너무나 많지요. 그렇지만 여러분이 여러분의 감정을 이야기하지 않으면 그 감정을 어떻게 처리할지모를 것이고 우리가 함께 앞으로 나아갈 방법도 찾을 수가 없어요. 대화는 함께 생각하기 위한 훌륭한 도구예요.

대화의 기본 규칙은 단순해요. 경청하고, 타인을 존중하고, 기다리고, 생각하는 바를 이야기하고, 솔직해지는 거예요. 한 번에 한 사람씩 말해보세요. 서로를 방해하지 말고 친구가 말하는 것에 차분히 귀를 기울이세요. 모두가 자신의 이야기를 할 수 있도록 차례를 지키고요. 이야기할 것이 없을 때는 말하지 않아도 돼요. 다른 사람들, 그리고 그들의 생각을 존중하세요. 여러분의 마음속에 있는 생각이 명확해지기를 기다리세요. 다른 사람들을 존중하면 그들에게 여러분이 생각하는 것을 빙빙 돌리지 않고 이야기할 수 있어요. 이 체크인 라운드는 대화를 연습하는 좋은 기회입니다."

진심을 다해 경청하는 것은 나에게는 항상 어려운 일이었다. 나는 내 관심사와 의견을 말하는 것이 더 좋다. 나는 말을 많이 하고 또 그걸 즐긴다. 그러나 지금 나는 입을 다물고 토론을 따라가고 있다. '펭귄 티르코넨'은 긴장한 듯 오른쪽 다리를 흔들고 있었다. 당장이라도 폭발할 것처럼 보였다. 팀원들 중 몇몇은 편안하게 의자에 축 늘어져 있었다. 그들은 세상에 대한 걱정이라고는 없는 것 같았다. 몇몇은 학습 다이어리에 필기를 하고 있다. 그때까지 나는 학습 다이어리가 없었지만 곧 커다란 줄 없는 공책을 사겠다고 마음먹었다.

에시가 내 생각을 읽은 것처럼 갑자기 입을 열었다.

"여러분, 공책 가져오는 걸 잊지 마세요. 여러분이 좋아하는 것으로요. 트레이닝 세션 중에 하는 기록은 중요해요. '로켓 수리점'에는 아직 '말표 공책'이 남아 있어요. 비르피 후포넨과 빌레 케레넨이 점장을 하면서 싼 가격에 많이 사 두었거든요."

에시는 의미심장한 미소를 지었다. 말표 공책을 둘러싼 다른 이야기가 더 있는 게 분명했다. 티미아카데미아는 내가 아직 이해할 수 없는 이야기들로 가득했다.

휴식시간이 끝나고 우리는 작은 그룹으로 흩어져 팀 이름을 정하기 위해 브레인스토밍을 했다. 제안이 많아서 선택하기가 매우 어려웠다.

"잠깐만요, 이름 후보가 20개밖에 안 되네요. 그걸로는 충분하지 않아요. 100개 정도 더 생각해봐요. 그럼 적절한 이름을 찾을 수 있을 거예요."

에시가 우리를 진정시키며 말했다.

이런, 이건 정말 우리 팀의 초기 단계에서 겪는 가장 감정적이고 에너지가 많이 드는 일이다. 지적으로 해결할 수 있는 과제가 아니다. 이름 짓기는 감정에 관련된 것이고 그래서 이렇게나 힘이 드는 것이다. 아이디어를 내는 단계는 괴롭고 시간이 많이 든다. 그리고 의사결정은 그보다 더 심한 스트레스를 준다.

"여러분의 숙제는 새로 추천할 이름을 생각해내는 거예요. 팀원 여러분, 상상력을 발휘하세요!"

에시가 말했다.

네 시간이 훌쩍 지나갔다. 사람들은 가방을 챙기고 있었고 코치는 우리 모두가 바로 도서관으로 가도록 재촉했다.

"이제 독서를 시작할 시간이에요. 옆 건물에 있는 도서관에는 읽을 만한 훌륭한 책이 아주 많아요. 그렇지만 아무쪼록 《연금술사》,

《데일 카네기의 인간관계론》,《나를 찾아가는 여행》(샤르마 지음, 2005) 같은 것만 읽지 말고 다른 책도 읽으세요.《다양성이 우리의 힘이 다》나《메디치 효과*The Medici Effect*》(세종서적, 2015) 같은 것도 빌려 읽어 보세요."

대화

나는 요한네스 파르타넨의 본부이자 연구 공간이라고 전해 들은 샤우만 저택을 자전거로 지나가는 참이었다. 그때 문득 이런 생각이 들었다. '왜 그를 직접 만나서 트레이닝 세션과 대화에 대한 생각을 묻지 않았지?' 어쨌든 그게 인터넷에서 그런 주제의 글 몇 편을 읽는 것보다는 훨씬 나을 것이었다. 저택의 문은 매우 무거웠고 경첩에서는 끼익 하는 소리가 났다. 응접실에서 누군가에게 요한네스를 만나러 왔다고 하자 좁은 층계를 지나 다락방으로 안내해주었다. 이 독특한 집은 신기한 방들로 가득했다. 계단을 오르자 테니스 코트가 나왔다! 거긴 상당히 어두웠다. 요한네스가 코트 한쪽 구석에 있는 흔들의자에 앉아 있는 것이 보였다. 그의 곁에 있는 낡은 플로어 스탠드 조명이 그가 읽는 두꺼운 책을 비추고 있었다. 그는 나와의 만남을 진심으로 반가워하는 것 같았다. 내 손을 붙잡고 힘차게 흔들더니 티미아카테미아를 얼마나 좋아하는지, 내가 속한 팀은 어떤지 물었다. 나는 최근에 내가 느낀 감정을 이야기했다.

"티미아카테미아에는 강의실이 없고 트레이닝 세션 공간만 있어요. 저는 그게 학교나 학습과 무슨 관련이 있는지 모르겠어요. 둥글게 앉는 것도 이상하고, 코치는 아무것도 가르쳐주지 않아요. 저는 좀 불편했어요. 사람들 앞에서 제 모습을 적나라하게 드러내는 게 힘들었는데요, 저만 그런 건 아닐걸요? 왜 티미아카테미아에서는 모든 걸 이런 방식으로 하나요?"

요한네스는 나를 신기한 듯이 바라보았다. 내 질문에 정신이 든 듯했다.

"자, 들어봐요. 프랑스 철학자 르네 데카르트의 목표는 지식의 확고한 기반을 찾는 것이었어요." 그는 갑작스레 설명할 기회를 얻은 것에 신이 난 듯 이야기를 시작했다. "그는 합리주의자였고, 세상을 일종의 기계 장치로 보았어요. 그의 사상은 산업사회의 기반이 되었고 우리에게 큰 영향을 끼쳤어요. 그리고 우리 대부분은 그것이 유일한 현실이라고 생각하죠. '인간은 일종의 기계 장치다'라는 사고방식 때문에 회의와 학교 수업에는 반드시 커리큘럼, 의제나 계획, 분명한 목표가 있어야 한다고 생각하게 됐어요. 과정의 각 단계마다 결과가 미리 정해져 있어서 누군가는 그 과정을 이끌어가야 한다는 겁니다."

나는 금방 그의 생각을 이해하고 거들었다.

"그런 생각에 따르면, 교사가 주도하는 수업은 분명한 목적과 목표를 향해가는 과정이 되어야 하겠네요. 반면에 코치는 트레이닝 세션을 이끌고 거기에서 일어나는 일에 대해 책임이 있고요. 제가 정확하게 이해한 건가요?"

나는 여전히 좀 혼란스러웠다.

"그게 사실 꼭 그렇지는 않아요." 하고 요한네스가 대답했다. "코치들은 트레이닝 세션을 이끌지 않아요. 그 시간의 목적은 서로에게서 배우는 겁니다. 팀원이 다른 팀원에게서, 코치가 팀원들에게서, 그리고 그 반대로 배우는 거죠. 핵심은 결국 대화죠. 지식은 그룹이 공유하는 경험으로부터 생성되는 것이어서 강제로는 만들어질 수 없다는 것을 깨닫기만 하면 됩니다. 대화에서 가장 중요한 요소는 지금 이 순간에 모두의 마음과 영혼에 온전히 귀 기울여 경청하는 능력이에요. 우리가 지나치게 과거를 되새기거나 미래를 걱정한다면 그런 능력은 약해집니다."

파르타넨은 점점 진지해지더니 마침내 이렇게 고백했다.

"나는 늘 경청에 서툴렀어요. 그래서 그런 능력을 키우려고 많이 애썼답니다."

그는 잠시 말을 멈추고 생각에 잠겼다. 존경받는 코칭의 선구자와 함께 있으니 침묵이 조금도 불편하게 느껴지지 않았다. 마침내 그가 말을 이었다.

"사람들에게 우리를 이해시키려고 하지 않는 법을 배워야 해요. 그 대신 우리 자신과 타인을 이해하는 능력을 키워야 해요. 함께 생각하다 보면 학교에서 이루어지는 전통적인 관행들에 의문을 갖게 됩니다. 대화를 하면서 사전에 프로그램되거나 계획되지 않은 이슈들을 다룰 여지를 만들어야 해요. 그래서 티미아카테미아에서는 트레이닝 세션과 대화가 수업을 대체합니다."

오호라, 그래서 오늘 우리의 트레이닝 세션에 주제가 없었던 거구나. 공간은 열려 있었고 미리 계획된 것도 없었지. 나는 갑작스런 깨달음에 놀랐다.

"아무도 이끌지 않고 방향을 제시하지 않으면 스트레스를 많이 받을 수밖에 없어요. 트레이닝 세션에 명확한 안건이 있고 사람들이 사전에 그 안건에 대해 공부해두면 훨씬 더 효과적이지 않을까요?"

내가 이렇게 묻자 요한네스가 대답했다.

"물론 트레이닝 세션에도 안건과 제목이 있을 수 있어요. 그게 금지된 건 아니에요. 그렇지만 팀 기업들이 직면하는 문제는 때때로 너무 심각해서 팀원들이 직접 문제를 해결하려는 시도 자체가 의미가 없기도 하죠. 이것이 우리가 다른 사람들과 함께 생각하는 법을 배워야 하는 이유예요. 자기만의 관점을 확인받는 대신 여러분의 의견이 틀렸음을 입증하는 증거들을 찾을 수 있게 되죠. 우리의 사고방식을 바꿔서 우리 내면의 생태계를 변화시킬 수 있다면 우리가 살아가는 환경에도 엄청난 영향을 줄 수 있어요. 함께 이야기하는 기술을 익히게 되면 사람들은 그것을 절대 놓치지 않을 테지요."

나는 또다시 혼란스러워졌다. 그렇다면 트레이닝 세션에 안건이 있어야 하나 아니면 없어야 하나? 있어야 한다면 파르타넨은 어째서 자유롭게 생각을 나눌 여지가 있어야 한다고 하는 걸까? 나는 항상 다른 사람들이 말하는 내용에 오류는 없는지 찾곤 했으며 대개 늘 내가 옳았다고 믿어왔다. 이제는 나의 의견이 틀렸음을 입증하기 위해 노력해야 하는 것인가? 말도 안 돼!

"오늘 있었던 트레이닝 세션에서 에시 코치는 의견을 말하기 전에 기다려야 한다고 했어요. 그렇지만 내가 기다릴 때마다 누군가가 끼어들었고, 그래서 내가 원하는 만큼 충분히 말할 기회를 얻지 못했죠."

내가 말했다.

파르타넨이 안경을 고쳐 쓰며 이렇게 말했다.

"음, 그건 맞는 말일 수 있겠어요. 그런데 팀에서는 한 사람이 무엇인가를 생각할 때 다른 사람이 곧바로 같은 생각을 말로 표현하는 일이 자주 일어나지요. 사람들은 점점 자신이 분리되어 있지 않은 그 무엇, 자신들을 하나로 묶는 무언가에 속해 있다는 것을 깨닫게 됩니다. 대화는 더 큰 전체의 일부분으로서 함께 경청할 기회를 제공해요."

다시 '경청'이라는 말이 나왔다. 건강한 토론이 더 나은 결과를 낳는 게 아닌가? 그러나 나는 지금 이 순간 논쟁을 하고 싶지는 않았다. 요한네스가 설명을 이어갔다.

"대화의 숨겨진 힘 중 하나는 누군가의 짜증나는 행동을 용서하게 되는 것, 그리고 때때로 우리가 다른 사람들을 짜증나게 할 수 있다는 것을 인정하게 되는 것입니다. 우리는 다른 사람들을 존중하기 위해 노력해야 하고, 또 우리 스스로에게도 마찬가지예요. 이를 위한 가장 중요한 전제조건은 용서하는 능력이에요. 진정한 대화를 하기 위해서는 일관된 행동과 태도, 유연한 구조, 문제를 예측할 수 있는 능력, 호의적인 분위기, 토론에 영향을 미칠 수 있는 함의에 대한 이해가 필요합니다. 대화는 사람들이 함께, 그리고 서로에게서 배울 수 있도록 영감을 불어넣지요. 그것은 어느 한쪽으로 기울어지지 않고 중심이 잡힌 토론이에요. 대화는 사람들이 함께 생각하며 나누는 이야기입니다."

오호라, 뭔가 말이 되는 것 같다. 다른 사람을 존중하는 것은 항상 어려운 일이다. 그리고 대화에 관한 이런 생각은 완전히 새로운 방식으로 도전해보라고 자극을 준다. 아마도 나는 앞으로 트레이닝 세션을 더 잘 '읽어낼 수' 있을 것 같다. 나도 잘 모르겠다. 오래되고 친숙한 강의실과 내 개인 책상을 떠나보내는 것이 다소 슬프기도 하다. 나는 사람들이 정말로 그런 방식으로 배울 수 있는 건지 궁금해졌다. 요한네스는 흔들의자를 점점 더 빠르게 흔들었다. 그가 뒤로 넘어질까 봐 걱정이 됐지만 그는 용케도 의자가 흔들릴 때마다 생각을 쏟아냈다.

"내 생각에… 위에서 누군가가 통제하는 방법으로… 자기주도적인 학습을 끌어내려고 노력하는 것은 우스운 일이에요. 전통적인 학교에서는… 자기주도적인 학습이 자연스럽게 생겨나는… 그런 분위기를 만드는 것이 더 효율적일 수 있어요. 티미아카테미아에서 우리는… 스스로 방향을 정하고 배우는 분위기를 만들기 위해 노력하고 있어요."

요한네스가 의자를 흔드는 속도를 늦추기 시작했다.

"음, 네, 저 나름대로는 이해가 되네요. 모두들 스스로 자신의 학습과 행동에 대한 답을 찾아야 하겠지만 그건 시간이 좀 걸릴 듯하네요. 저는 아무도, 심지어 제 팀원들조차도 잘 모르거든요. 배우는 방법을 배우는 건 저에게 어려운 일이에요."

내가 대답했다.

요한네스는 참을성 있게 나를 바라보았다. 그의 대답은 아주 철학적이었지만 내 생각에 영감을 주기도 했다.

"사람들이 함께 시간을 보내고 서로를 알게 되기 전에는 신뢰가 생겨날 수 없어요. 시간을 함께 보내면 신뢰가 생기고, 그러면 팀이 할 일은 대화를 위한 건설적인 주제들을 가져오는 것입니다. 모든 것이 움직이고 변화한다는 것을 깨달을 때, 우리는 더 이상 모든 것이 잘 정리된 상태로 마련되어 있기를 요구하지 않게 됩니다. 우리가 확실하게 알 수 있는 유일한 사실은 지금 이 상황조차도 시간이 지나면 변한다는 거죠."

음… 분명히 우리 팀은 일이나 고객도, 프로젝트도 없다. 어디에서 우리의 대화 주제를 찾을 수 있을까? 정말로 아무리 봐도 없다. 그러니 우리는 함께 더 많은 활동과 경험을 해야 한다. 그래야만 우리의 트레이닝 세션에 제대로 된 목표가 생길 것이다.

나는 훌륭한 대화를 나눌 수 있었음에 요한네스에게 감사를 표했다. 그는 내게 무슨 일이 있을 때마다 와서 수다를 떨어도 좋다고 했다. 밖에는 비가 내리고 있었지만 그게 무슨 상관인가. 내가 사는 아파트는 고작 6km 떨어져 있고, 가는 동안 생각할 거리는 아주 많다.

비록 모든 것을 완전히 이해하지는 못했지만 요한네스의 이야기는 일리가 있었다. 대화와 성찰이 항상 팀의 학습에서 중심이어야 한다는 이야기는 굉장했다. 파르타넨은 말했다.

"모든 팀원이 다른 사람을 위한 거울 역할을 해요. 그런 식으로 우리는 새로운 관점들을 들여다보고 우리의 문제를 다시 이해할 수 있지요."

이제 나에게는 최소한 20개의 거울이 있다. 대화를 할 때 그 거울들은 나를 둘러싸고 있고, 나는 그것들에서 나 자신을 본다. 이 얼마나 놀라운 생각인가!

저녁이 되어서야 우리 팀의 이름을 생각해내야 한다는 것이 기억났다. 선배들은 이름이란 신뢰를 주고 간단명료하며 전문적이고 유행에 맞아야 한다고 했다. 이름에는 항상 그것만의 시간과 장소가 있다. 한 세대의 이름이 사라지면 다음 세대의 이름이 그 뒤를 잇는다. 그렇게 늘 새로운 이름이 만들어진다. 티미아카테미아 팀 이름 가운데는 풍부한 상상력에서 나온 것들이 있다. 어떤 이름은 약과 관련이 있고, 어떤 것들은 라틴어, 영어이며 심지어 히브리어 [Jofi]인 것도 있다. 동물[KrokoDiili(용), Termiitit(흰개미), Manifantti(코끼리), Goala(코알라)], 색이나 책(Red, Cromix), 민속적 인물[Ideavelhot(마법사의 생각)], 상업 용어[Provit(이윤), Level(단계)], 생산과정[Jalostamo(정제공장), Aivopesula(뇌 세탁소)], 목표[RTW(세계일주), Unelmania(꿈 마니아)], 전자 또는 운동[Voltti(볼트), Somersault(공중회전)] 등의 낱말을 활용한 이름도 있다. 상상에는 경계가 없고, 모두 훌륭한 이름들이다.

이름은 팀에 정체성을 부여한다. 이름을 만들고 나면 모든 팀원은 이후 3년 동안, 아니 어쩌면 그들의 남은 생애 동안 카메오[Cameo], 모굴[Mogul], 볼티[Voltti] 또는 요피[Jofi] 출신이 된다. 이름은 팀의 탄생을 마무리하며, 팀의 활동에 따라 좋은 쪽이든 나쁜 쪽이든 팀에 매력과 후광, 이미지를 부여한다. 이름을 선택할 때는 상업적으로 유용한지 고려해야 한다. 뇌 세탁소 협동조합의 티나로부터 전화를 받는다면 고객들은 무슨 생각을 하게 될까? 또는 고알라[Goala Bear]의 카리가 전화를 한다면? 어떨까, 신뢰가 갈까? 어쨌든 그런 이름들은 재미있게 들린다. 이름은 항상 팀에게 소중한 것이다. 이름은 이전에는 서로

낯설었던 사람들을 연결해서 하나의 그룹으로 만든다. 이름이 없다면 그들은 존재하지 않을 것이다.

하지만 지금 내 머리는 완전히 텅 비었다. 긴 하루였다. 아마도 우리 팀의 이름은 나의 깊은 무의식을 뚫고 나와서 꿈에 나타나줄 것이다.

"잠깐만요, 후보가 20개밖에 안 되네요.

그걸로는 충분하지 않아요. 100개 정도 더 생각해봐요.

그럼 적절한 이름을 찾을 수 있을 거예요."

경청

존중

내 차례 기다리기

진심을 담아 말하기

"앙트러프러너의 자유와 책임은 다음과 같다.

우리는 다른 이들에 고용되어 일하지 않는다.

우리는 앙트러프러너다.

우리는 우리 자신과 우리 팀에 대해 책임을 진다.

가장 중요한 것은 태도이다."

팀 계약

팀원들을 하나의 팀으로 묶어내는 요인은 무엇일까? 팀은 어떻게 일상의 비즈니스를 운영할까? 트레이닝 세션에 늦거나 남들만큼 책을 읽지 않거나 돈을 버는 데 게으른 팀원들은 어떻게 해야 할까? 공동의 목표를 이루는 데 항상 열심을 다하는 핵심 멤버들에게는 어떻게 보상해야 할까?

초기 단계에서 팀은 공동의 기본 원칙이 있어야 한다는 것을 느낀다. 첫 원칙은 아주 간단해도 된다. 예를 들면 트레이닝 세션에서 컴퓨터나 휴대폰 사용을 허용할 것인가를 결정할 수 있다. 그밖에도 팀은 근무 시간, 책 읽기 목표, 고객 방문 횟수 등을 정하게 된다.

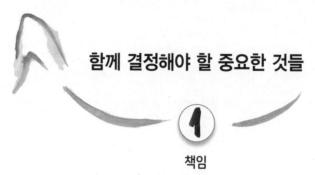

함께 결정해야 할 중요한 것들

책임

누가 트레이닝 세션을 이끌고 논의 과제를 정하는 책임을 맡을 것인가?

어떻게 결정을 내리고 그 결정을 어떻게 실행할 것인가?

팀 사무실 청소, 쓰레기통 비우기, 커피 내리기 등 일상 업무에 대해서도 누군가 책임을 맡아야 한다.

리더십

팀 리더와 운영 그룹이 정해지지 않은 초기에는 어떻게 리더십을 발휘할 수 있을까?

누가 프로젝트를 책임지고 고객과 코치 및 다른 팀과 소통할 것인가?

근무 시간

매주 몇 시간 일해야 하는가? 언제, 어떤 이유일 때 결석을 허용할 것인가?

결석에 대해서는 어떻게 책임을 물을 것인가? 예를 들어 티미아카테미아의 일주일 스케줄은

다음과 같다. 트레이닝 세션 8시간, 독서 8시간, 팀 기업 및 프로젝트에서 하는 현장 업무 24시간.

4 도움

어느 경우에, 그리고 누구에게 도움을 청할 수 있는가?

팀원들은 노하우와 전문성이 있다. 팀원들의 노하우는 반드시 확실하게 파악해 두어야 한다.

모든 팀원은 팀 동료를 도울 책임이 있다. 문제가 생긴 팀원이 있으면 반드시 도와야 한다.

갈등 해결

팀을 운영하다 보면 늘 갈등과 논쟁이 일어날 것이다. 이 갈등과 논쟁은 어떻게 해결하고
누가 심판의 역할을 맡아 개입할 것인가?

규칙 위반

누군가가 규칙을 위반한다면 어떻게 할 것인가? 처벌할 것인가, 상담을 할 것인가,
아니면 규칙을 위반한 사람이 어떻게든 잘못을 바로잡도록 해야 할까?
어떤 종류의 규칙 위반이라면 눈감아줄 수 있는가?

보상

팀 기업이 사업을 운영해서 돈을 벌면 그 이익은 어떻게 분배할 것인가?
분배의 기준은 무엇인가?
팀의 가치를 실현하는 일은 어떤 것이며, 돈 이외의 것으로 보상해야 하는 일은 어떤 것인가?

마니판티 팀의 야르코가 자기 팀의 팀 계약을 공유했다.

"이것이 너희에게 도움이 될지도 몰라. 우리는 2년차 봄에 팀 계약을 맺었지만, 가능한 한 빨리 만들 것을 추천해. 첫 번째 팀 계약은 업무 방식과 공유 목표를 설명하는 간단한 문서일 수 있어. 시간이 흐를수록 계약은 더 정교해지고 더 많은 내용을 포함하게 될 거야. 계속해서 실천과 경험들이 쌓이고 개선될 것이기 때문이지."

우리는 기대에 차서 마니판티의 팀 계약을 살펴보기 시작했다. 마니판티의 목표는 '다음 단계The Next Step', 즉 티미아카테미아 이후의 삶이다. 그들의 공통된 목표는 세계일주 전에 모든 팀원이 일자리를 얻거나 자신의 회사를 시작하거나 다음 단계의 학습 기회를 얻는 것이다. 팀은 팀원들에게 자신의 목표를 찾을 수 있는 기회를 제공한다.

마니판티의 '이끄는 생각'

- 마니판티는 티미아카테미아의 관리 시스템을 준수하는 팀 기업이다. 우리는 로켓 모델을 통한 학습을 이해하고 있으며, 우리의 학습은 티미아카테미아의 균형성과지표BSC로 측정된다.
- 수익 창출 없이는 비즈니스를 배울 수 없다.
- 우리 모두는 고객 관계를 가지며, 이를 통해 자신을 시험하고 노하우를 향상시킨다.
- 우리는 좋은 팀 정신이 얼마나 중요한지, 그리고 그것이 팀 운영

에 어떤 영향을 미치는지 알고 있다. 우리 팀 정신의 근간은 신뢰, 개방성, 정직이다. 우리는 구역 이론$^{Zone\ Theory}$을 사용하여 일 년에 두 번 우리의 팀 정신을 측정한다.

기본 원칙

- 팀원으로서의 자리는 팀이 함께 정한 목표에 따라 행동함으로써 얻는다.
- 목표 달성하기는 팀과 계속 함께하기 위한 최소한의 조건이다.
- 우리가 함께 정한 목표와 이슈는 구속력이 있다. 문제 상황에서는 모든 사람이 도움을 요청할 의무가 있다. 이 규칙들을 따르기 어렵다면 마니판티 협동조합은 당신에게 적합한 곳이 아니다.
- 지각 금지! 일에 늦지 말자! 누구나 정해진 일정을 지킬 책임이 있다. 운영 그룹은 큰 그림에 대해서 신경을 쓴다.
- 트레이닝 세션에서 우리는 솔직하고 열린 자세로, 그리고 서로를 신뢰하는 가운데 발언한다. 팀 기업의 '커피 테이블 토론'을 트레이닝 세션으로 가져오는 것을 주저하지 말자.
- 트레이닝 세션 일정은 반드시 사전에 정해야 한다. 다른 사람들이 어떤 일들을 했는지 물어볼 수 있다. 적어도 두 달에 한 번은 모든 팀원들에게 팀 안에서의 업무에 대한 피드백을 받는다.

팀 정신 창조하기

- 나는 모든 트레이닝 세션에서 적극적으로 대화에 참여한다.
- 모든 순간은 지나가므로 나는 지금 이 순간을 즐긴다.
- 나는 성공적인 트레이닝 세션을 만드는 데 일부분 책임이 있으며, 정기적으로 리더 역할을 맡는다.
- 나 또한 팀을 위해 공동의 이벤트나 활동을 기획할 수 있다.
- 나는 팀원들을 더 잘 알아가기 위해 노력한다.
- 나는 진실하고 사실에 기반을 둔 피드백을 정기적으로 제공한다.
- 나는 직업정신에 충실하여 팀 기업을 가장 우선순위에 두므로 다른 곳에서 일하지 않는다.
- 나의 성공과 실패를 열린 자세로 공유한다.
- 나는 나 자신과 남들의 성공을 모두 기뻐한다.
- 나는 몸과 마음으로 이곳에 집중한다. 그리고 서로 대화하는 문화에 함께한다.
- 나는 그저 변화를 기다리지 않는다. 변화는 나로부터 시작된다.

재정

- 매달 재무 담당자가 재정 상황을 감독한다. 재무 담당자는 프로젝트의 수익과 재정적 결과에 주의를 기울인다.

마니판티의 팀 계약을 읽은 덕분에 나는 생각을 진전시킬 수 있었고, 이어 우리 팀이 나에게 어떤 것들을 바라게 될지 생각해보았다. 야르코는 자신의 경험을 이야기했다.

"1년에 두 번 학습계약을 갱신하고 꼼꼼히 읽는 것이 가장 중요할 거야. 우리가 만든 모든 자료는 포트폴리오(에세이, 프로젝트 리포트, 모토롤라 리포트, 학습계약서)에 넣어야 해."

"하지만 우리가 쓴 모든 자료를 인쇄해서 포트폴리오에 넣는다면 아마 코끼리만큼이나 두꺼워질걸?"

나는 그것이 엄청난 종이 낭비라고 생각하면서 투덜거렸다.

"포트폴리오를 두 가지로 만들어야 해." 야르코가 바로 대답했다. "하나는 컴퓨터 메모리에만 있으면 정보가 손실될 수 있으니까 모두 인쇄해서 한데 모으는 거야. 다른 하나는 스스로 최고의 결과물이라고 생각하는 것을 모은 샘플 포트폴리오라는 거야. 이건 가족이나 잠재적인 고용주, 혹은 내가 설립할 회사에 대한 대출을 결정할 은행원에게 보여주는 용도지. 그렇지만 나만의 관심사에 매달리는 걸로는 부족해. 우리는 같은 팀원으로서 효과적으로 일해야 해.

팀과 함께할 때에야 새로운 지식을 만들어낼 수 있고, 일 년에 네 번씩 돌아오는 '버스 기빙Birth Giving(일종의 숙련도 점검 행사)'에서 우리의 노하우를 보여줄 수 있게 돼. 이 행사는 이론을 실제에 적용하는 능력, 창의적인 문제 해결 능력을 확인하는 거야. 고객을 위해서도 그 행사를 해봤는데, 그게 고객들에게 큰 수익을 가져다주기도 했어."

"'24시간 버스 기빙'이란 게 있다는 얘기도 들었어." 내가 좀 걱정스러운 투로 말했다. "그건 대체 뭐야? 24시간 내내 이어지면 잠은 언제 자?"

"그중에 가장 크게 하는 행사가 24시간 버스 기빙이야. 모든 팀은 졸업 전에 그걸 한 번은 하게 되는데, 맞아, 실제로 24시간 동안 진행되지. 이때는 고객 회사의 크고 작은 문제를 붙들고 해결책을 제시하거든. 24시간 버스 기빙 중에는 잠을 잘 시간이 전혀 없다는 건 확실해. 팀 계약을 할 때 팀 기업의 발전을 확인하는 정기보고서를 써야 한다는 조항에 동의할 수도 있잖아. 그 문서들을 함께 살펴보고 경험을 나누는 것이 좋아."

야르코가 이렇게 대답하고는 자랑스러워하며 말을 이었다.

"매출액 증가는 팀 기업의 발전을 보여주는 좋은 지표야. 우리는 티미아카테미아 최초로 매출 100만 유로를 넘긴 팀이야. 성장의 기반은 고객 방문 활동, 그리고 모토롤라 리포트의 간단한 질문들을 이용한 활동 평가였어. '무엇이 잘 되었는가? 무엇이 잘 안되었는가? 방문에서 새롭게 배운 것은 무엇인가? 다음 방문을 위해 개선할 것은 무엇인가?'와 같은 질문이지. 고객 관계는 항상 발전하는 것이고, 그 목표는 소수의 고정 고객 및 파트너들과 폭넓은 고객 네트워크를 만드는 것이어야 해.

이런 사항들은 팀 계약에 들어갈 가치가 충분하지. 자기 팀의 팀기업을 운영하는 데만 집중하는 것만으로는 충분하지 않아. 모든 팀을 염두에 둔 다양한 포럼에 참여하는 것이 중요해. 팀 리더들은 정기적으로 만나 경험을 나누거든. 회계 리더, 커뮤니케이션 리더, 재무 리더들도 마찬가지야. 우리가 배우고 경험한 것을 동료들과 나누는 건 티미아카데미아에서 아주 효과적인 학습 방법 중 하나야. 그리고 우리는 이끄는 생각을 리뷰해서 한 해에 한 번 업데이트해. 우리는 여러 방면에서 갖가지 방법으로 리더십을 실천해. 누구나 '친구 리더십Friend Leadership'의 원리를 알아야 해."

야르코는 뭔가 중요한 것을 생각하는 것처럼 보였다. 그러다가 얼굴을 찡그리며 말했다.

"스퀴테Skyttä가 쓴 팀에 관한 책을 꼭 읽어봐. 그 책 92쪽에 팀 계약의 간단한 형식이 있어."

팀 계약의 주요 내용(스퀴태, 2000)

계약 서명자들의 이름

팀의 목적

팀의 목표와 측정 지표

팀의 권한과 자원

팀의 스킬 목록

팀의 보상 원칙

기타 합의할 이슈

서명

나는 가을에 설립된 미타바 협동조합의 운영 원칙도 손에 넣었다.

"앙트러프러너의 자유와 책임은 다음과 같다.
우리는 다른 이들에 고용되어 일하지 않는다.
우리는 앙트러프러너다.
우리는 우리 자신과 우리 팀에 대해 책임을 진다.
가장 중요한 것은 태도이다."

- 트레이닝 세션이 최우선이다. 그것과 겹치는 일정을 잡지 말아야 한다. 트레이닝 세션에 빠지면 반드시 다른 팀의 트레이닝 세션에 참가하여 보충해야 한다.
- 모든 일의 바탕은 대화이다. 우리는 이야기를 나누어 관심사를 공유한다.
- 미타바는 무엇으로 이루어져 있는가? 바로 정직, 책임, 존중, 자존심, 즐거움, 태도, 열정, 협력, 목표, 균형이다.
- 초과 근무로 인한 근무 단축은 협의를 거쳐 수요일 오전 근무 또는 금요일 오후 근무에 적용한다.
- 우리의 '동물원', '학습 클럽', '독서 클럽'은 주 1회 모여 대화를 나눈다. 만남 시간은 자율적으로 결정할 수 있다.
- 질문은 허용되는 정도가 아니라 의무이며, 정보를 혼자서만 가지고 있는 것은 허용되지 않는다.

미타바 협동조합의 일과를 위한 기본 규칙

- 무슨 일이든 솔직하고 숨김없이 논의한다.
- 피드백은 긍정적이든 부정적이든 즉시 그리고 당사자에게 직접 전한다.
- 모든 팀원은 오전 8시 15분부터 오후 4시까지는 최소한 전화로라도 소통할 수 있어야 한다.
- 도와주고, 도움을 요청하고, 도움을 받는다. 어떤 일을 해달라고 요청하는 것도 주저하지 않는다.
- 목표 : 한 사람은 전체를 위하여, 전체는 한 사람을 위하여! 우리는 목표를 달성하기 위해 서로 돕고 격려한다.
- 근무 시간을 기록하라! 그러면 학습 내용을 기록하는 것이 훨씬 쉬워질 것이다.
- 즐겨라! 모든 일을 즐기고, 포용하고, 학습하라.
- 자신이 앞서겠다고 남의 발을 걸지 않는다. 우리는 팀프러너다.
- 황금률! 남들에게 기대하는 만큼 자신에게도 기대하라. 그 반대도 마찬가지다.

"많은 경우 우리는 우리 자신의 성공에 있어

가장 큰 걸림돌이야. 자신이 경험한 것, 행한 것과 행하지 않은 것이

무엇인지 이해하려고 애쓰는 것으로 충분해. 그 모든 것을

마음속으로 삭이고 쓰라린 경험의 조각들까지 삼켜버리면 되는 거야.

그리고 마침내는 자신과 팀을 받아들여야 해.

위대한 업적은 밀어붙이는 게 아니라 지속성으로 이루어지니까.."

팀의 발달 단계

　우리는 독서 클럽('리딩 세트')에서 농구팀 코칭과 팀의 발달에 대한 이야기를 다룬 패트 라일리의 저서 《성공하는 조직의 팀워크 만들기*Winner Within*》(1993)에 대한 이야기를 나누게 되었다. 나는 최근에 팀, 그리고 팀이 되는 과정에 관심이 있었다. 우리가 높은 성과를 이루는 팀이 되는 과정에 놓인 도전 과제들은 무엇인가? 가장 큰 함정은 무엇인가? 독서 클럽은 책에서 배운 내용을 함께 복습할 수 있는 좋은 방법이다. 가장 알맞은 규모는 3~5명으로, 팀 구성원끼리 만들 수도 있고 다른 팀의 팀원을 끌어들일 수도 있다. 이번에는 마데 협동조합의 마리아, 아이디어플라이의 빌리도 함께했다. 우리는 마데 협동조합의 커피메이커를 켜놓고 모임을 시작했다.

"커피에 넣을 우유 있어? 내 위장은 블랙커피는 못 견뎌!"

빌리가 간절하게 물었다.

냉장고에 있는 우유팩을 살펴보니 오래된 것들뿐이다. 나는 지난주에 유통기한이 갓 지난 가장 신선한 우유를 가져왔다. 빌리가 그것을 자기 커피에 붓자 표면에 바로 응어리가 생겼다. 빌리는 얼어붙은 듯 입 밖으로 한마디도 내지 않고 속수무책인 표정이었지만 이내 눈빛이 밝아졌다.

"설탕을 몇 조각 넣어야지. 달콤함이 시큼함을 쳐부수도록!"

히죽거리며 웃느라 빌리의 안경이 들썩였다.

"너흰 어떻게 이 책에 빠져든 거야? 우리 팀들을 농구팀과 비교할 수 있을까? 아니면 우리는 전혀 다른 세계에 살고 있는 걸까?"

빌리가 진지하게 물었다.

나 또한 그 점이 궁금했다. 우리는 누구와 경기하는 거지? 우리는 우리 자신을 상대하는 건가? 우리에게 함께 뛸 능력이 없는 게 우리의 가장 큰 적이 아닐까? 팀플레이를 해야 하는데 우리는 여전히 개인 스포츠의 규칙에 따라 경기를 하고 있었다.

패트 라일리의 '팀의 발달 단계'

패트 라일리를 응용한 '팀이 되는 경로', 티모 파르타넨 · 빌리니카리트Villinikkarit 주식회사

핵심 규약
우리를 하나로 묶는 합의

순수한 상승
씨앗

벼락이 치는 날
누가 앞장설 것인가?

숨 막히는 시기
뭐든 너무 오래 걸려

'나'라는 이름의 병
"나는 변하고 싶지 않아."

전진

숙달
도전, 교훈, 꿈,
그리고
자신에 대한 믿음

판 키우기

자기만족
향유의 시간, 그리고
마지막 도전

돌파
인생 여정이 시작되다

순수한 상승 — 씨앗

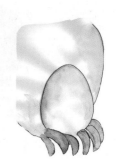

"물론이지, 이 책에는 우리 팀에 적용할 수 있는 부분이 많이 있어, 예를 들어 첫 장을 보라고. 내가 이해하기로 첫 장은 팀 발전의 첫 단계라 할 수 있는 순수한 도약에 대한 내용이야."

마리아가 빨갛게 염색한 머리를 풀어헤치며 말했다. 새로운 머리색은 그녀의 강하고 의연한 성격을 잘 드러냈다.

"이 순수한 씨앗은 팀원들이 아직 성취를 경험하지 못한 아주 초기 단계에서 성장을 시작하지." 빌리는 먼 곳을 응시하며 사색에 잠겨 말했다. "갑자기 엄청난 성공을 거두는 일이 일어나는 것도 이때야. 그런 상황이 되면 팀은 승리의 파도를 타게 되는데, 그게 내부 갈등과 팀원들의 이기적인 야망을 숨겨주게 돼."

나는 이런 상황에서 팀 성장의 씨앗이 싹튼다는 것을 알고 있다. 이 단계에는 긍정적인 분위기에서 가끔씩 성공의 경험을 통해 꿈꾸고 있는 미래를 조금이나마 맛보게 된다. 시작하는 단계의 팀에게 성공은 역경만큼이나 중요한 구성요소다.

"순수한 상승은 이기주의를 벗어나야 얻는 성공이야!" 빌리가 소리치더니 자기 커피를 한 모금 잔뜩 들이켰다. "아주 달콤한데 그게 또 쓰디쓰지. 시작 단계에는 신이 나서 성공의 축배를 높이 들지만 그 잔에 든 건 금세 상하기 시작해. 이 책에 나오는 예시를 생각해보자고. LA 레이커스는 창단 후 바로 우승을 차지했지만 아직 챔피언다운 팀이 된 건 아니었어. 같은 일이 우리 팀에도 일어났어. 첫 학기가 시작된 가을에 '고객 주간Customer Week'에서 2위에 올랐지만 초기 단계에 이룬 성공 다음에는 금세 깊은 좌절과 위기가 따라왔어."

"우리 팀의 초기 시절을 생각해봐." 마리아가 격앙된 목소리로 끼어들었다. "화창하고 따뜻한 8월 어느 날, 우리는 여기 굴뚝이 있는 공장 건물에 모였어. 우리는 가정환경, 삶의 조건, 살던 동네가 모두 다른 20명의 낯선 사람들이었지. 단 하나의 공통점은 굴뚝이 하늘을 찌르고 있다는 것뿐이었어. 우리는 목표는 고사하고 아이디어나 계획도 없었어. 굉장히 힘들었지. 오랫동안 고민한 끝에 모두가 만족할 만한 아이디어를 찾아냈어. 우리 팀은 전 세계를 여행하고 싶어 했고 그러려면 돈을 많이 벌어야 했어. 그것 말고도 다른 할 일과 목표가 줄줄이 떠올랐어. 모두 다 이루고 싶었지만 우리가 그때 정말 그럴 준비가 된 상태였을까?"

"라일리 말로는 순수함은 대나무 순 같은 거래. 대나무가 엄청나게 빨리 자란다잖아." 빌리가 비유를 들어가며 설명했다. "우리 모두는 우리의 자존감이 팀 정신과 함께 어떻게 성장하는지를 느꼈어. 성장이 빠른 건 사실이었지만 그게 결국은 커다란 환상이었더라고. 크리스마스가 다가올 무렵에 정체기가 찾아왔어."

"우리 출발도 꽤나 빨랐지." 빌리가 말을 받았다. "함께 노력했더니 곧 성과가 나오기 시작했어. 우리는 목표들을 달성했고 여윳돈도 생겼어. 팀원들은 황홀해했고 속도를 늦출 이유가 전혀 없었어. 그렇게 계속 일을 해왔지만 얼마 지나지 않아 첫 위기가 찾아오면서 순위가 떨어지기 시작하더군."

'나'라는 이름의 병 ―
자신에 대한 의심, "나는 변하고 싶지 않아"

티미아카테미아 선배들과의 대화는 좋았다. 나는 이제 막 시작인 데 비해 빌리와 마리아는 1년 넘게 자신들의 길을 걸어왔다. 그래도 나도 벌써 팀이 가족처럼 느껴진다.

장래에는 우리도 그런 위기에 직면할 수 있다는 것이 상상이 되지 않았다. 우리의 경우 '순수한 상승'이란 개념은 너무 고지식한 생각인 건 아닐까? 팀을 다른 어떤 것보다 우선시한다면 정상적인 생활을 할 여지가 있을까? 팀을 최우선으로 여긴다면 그것이 내 삶 전체가 될 것이다. 그렇다고 팀의 목표를 이루는 데 헌신과 노력을 하지 않는다면, 우리가 과연 높은 성과를 내는 팀이 될 수 있을까?

"너 자신에게 의심을 품고 있는 게 보인다." 빌리가 미묘한 어조로 내게 말했다. "괜찮아. 이 책에서도 말하듯이 의심은 자연스러운 거야. 티미아카테미아에서 하는 방식으로 팀워크를 연습할 수 있는 곳은 없어. 너는 12년 동안 학교에서 개인플레이를 하면서 살아왔어. 그러니 어떻게 갑자기 완벽한 팀플레이어가 될 수 있겠어? 물론 이곳의 모든 학습자가 팀플레이어가 되는 건 아니지만 그래도 팀의 압박을 견디고 살아가는 법을 배우지. '나는 변하고 싶지 않아!' 하며 버티는 거, 그게 바로 '나라는 이름의 병'이야."

마리아는 손가락으로 머리를 매만지고는 진지하게 말했다.

"이기심은 우리 자신의 선함에 대한 공격이야. 네가 뭐든 팀에게 주면, 팀도 너에게 줄 거야. 나쁘게 행동하면 나쁜 결과가 돌아오고, 선하게 행동하면 보상을 받는 거야. 이렇게 딱 잘라 말할 수 있는 건 아니지만 어쨌든 나는 그렇게 말하겠어."

빌리는 뭔가를 찾으려고 서류 가방을 뒤적이며 말했다.

"도대체 그 메모를 어디에 둔 거지? 대강 '이기주의는 결국 순수한 성장의 시기에 탄생한 성공 사이클을 파괴한다.'라고 썼거든. 아무튼 그래서 팀은 핵심과는 무관한 일에 빠져 헤매게 되는 거야."

빌리는 손가락을 꼽아가며 말을 이었다.

"먼저 욕심과 이기심이 나타나고, 그 다음에는 원망과 부러움이 나타나. 이런 것들이 팀 정신을 해치고 팀의 협동 능력을 약화시키지. 게다가 내부의 파벌은 신뢰를 무너뜨려. 눈치 챘겠지만, 이기심은 우리가 상상하는 것보다 더 빠르게 팀을 무너뜨리기 때문에 순수한 상승 단계가 얼마나 긴지, 혹은 얼마나 강한지는 별로 영향을 주지 않아."

빌리는 서류 가방에서 열심히 찾던 종이를 발견하고는 나에게 건네며 말했다.

"팀에서 반드시 피해야 하고 최대한 빨리 해결해야 하는 6가지 증상이야. 한번 읽어봐."

1. 만성적인 자존감 부족 – 자기 자신에 집중하라
2. 정당한 자기 몫을 받지 못하는 것에 대한 편집증(예: 관심, 월급, 칭찬)
3. 갈등과 파벌로 인한 리더십의 부재
4. 팀이 성공하는데도 찾아오는 좌절감
5. 단지 다른 팀원을 이기기 위해 열심히 일하는 것
6. 누군가의 자질을 묵살하는 것 – 그 사람의 동참을 무시하는 것

우리의 진정한 경쟁 상대는 누구인가? 적어도 처음에는 내 자존 감이 시험대에 올랐다. 전혀 그럴 필요가 없는데도 남과 비교하지 않을 수 없었다. 나는 내 모습 그대로 나를 인정하는 법, 그리고 남을 배려하는 법을 배워야 한다. 우리는 함께 이룬 성공에서 기쁨을 얻는 걸까? 그런데 그러다 보면 팀원들은 점차 서로에게 익숙해지고, 그렇게 서로를 잘 알게 되면 우리 사이의 긴장이 사라지면서 일

상의 일에 그저 파묻히고 만다. 그렇게 된다는 건 우리가 그다지 흥미롭지 않은 일을 시작해야 한다는 것을 의미하며, 그렇게 되면 대체로 지루한 시간이 이어진다.

핵심 규약 — 핵심적인 약속, 우리를 하나로 묶는 계약

"팀원들 중 다수가 크리스마스 전에 그만둘 거라고 속삭이고 있었어." 나는 조금 당황해서 말했다. "좌절감이 생기면 남의 집 정원이 훨씬 푸르러 보이는 거지. 겨우 몇 달 지내보고 여기가 나에게 맞는 곳인지 판단할 수는 없다고 생각해. 하지만 한번 의심의 씨앗이 뿌리내리고 모두가 내면에서 그것이 자라고 있다는 것을 알게 되면 어떤 일이라도 일어날 수 있어."

마리아도 그런 느낌을 알고 있었다.

"뭘 제대로 할 줄 몰라서 시도할 엄두조차 나지 않을 때면 자신이 팀에 필요하거나 팀과 어울리는 사람이 아니라는 느낌이 들지. 이런 느낌에 휩싸이면 가장 친하고 죽이 맞는 팀원에게 확인을 받고 싶어 해. 우리 팀에도 초기에 결속력 강한 무리가 몇 개 생겼어. 이 작은 무리들은 뭐든지 자기들끼리 함께하고, 뒤에서 다른 사람 이야기를 하고, 트레이닝 세션 때 항상 붙어 앉았어. 이런 패거리를 깨는 것은 아주 어려운 일일 뿐 아니라 시간이 지나도 완전히 떨어지지 않아."

"그 책에서 언급한 팀의 발전 단계 중 세 번째 이야기인 거지." 빌리가 토론을 제자리로 돌려놨다. "패거리 안에서는 이기적인 성향이 무진장 강해져. 팀 내부의 작은 그룹들은 자기들의 이익을 이기적으로 추구하게 되고, 그러면 게임이 점점 거칠어지는 거야."

"맞아, 점점 거칠어져. 뭐 그렇다고 엄청나게 심각해지는 건 아니고." 마리아가 침울해하는 내 표정을 보고 미소를 지으며 말했다. "앞으로 무척 즐거운 일들이 있을 거고, 우리 모두에게 매우 특별한 여정이 될 거야. 이따금씩 너의 날개로 새처럼 날아올라 높은 곳에서 큰 그림을 내려다보면 되는 거야."

"모든 팀이 성장통을 겪는 모습은 아름다워." 마리아가 말을 이었다. "물론 그런 성장의 고통에 대해 길게 늘어놓는 경우도 별로 없어. 발전이란 건 굴곡이 있게 마련이어서 일직선으로 진행되지도 않고 예측할 수도 없거든. 팀원 개개인과 패거리들이 이기주의에 빠져서 자기들 이익만 추구하는 것은 결코 완전히 사라지지 않을 거야. 하지만 그들도 언젠가는 궁지에 몰리게 되고, 그러면 결국 '넌 어디에 속하니? 팀 안에? 아니면 바깥에?' 하는 물음에 답을 해야만 하지."

"시간이 지나면 사람들은 더 이상 늘어놓을 변명을 찾지 못해 적당한 희생양을 찾게 돼." 빌리가 판사처럼 설득력 있는 목소리로 말했다. "팀원 중에 누군가가 떠날 생각을 하고 있다고 네가 말했지? 내 생각에는 모든 사람이 100% 따라야 하는 기본 규칙에 모두가 동의하기 전까지는 떠나니 마니 하는 건 의미가 없어. 이게 바로 이 책에서 언급하는 핵심 규약 단계야. 팀원 모두를 묶는 계약이 필요하고 모두가 그 계약을 지켜야만 해. 그렇지 않으면 아무 의미가 없어. 목표와 그것을 성취할 방법에 대해 모두가 동의하고 나면 누군가 어려움을 겪을 때 다른 사람들이 도와야 하는 거야."

"말은 쉽지." 아버지가 자동차 정비공인 마리아가 말했다. "넌 마치 그게 우리 아빠의 자동차 호이스트인 것처럼 말하네. 버튼을 눌러 자동차를 공중으로 들어 올리는 장치 말이야. 우리 팀은 팀 계약을 했어. 그것도 아주 흡족한 내용으로 말이야. 그런데도 그건 곧 어딘가에 처박혀 버렸어. 그 뒤로는 누구도 팀 계약 얘길 꺼내지 않았고, 팀이 목표를 향해서 어떻게 나아가고 있는지 점검하거나 목표를 달성했는지 확인하는 사람도 없었어. 유일하게 모호하지 않고 따라가기 쉬운 지표는 북포인트지. 처음에는 아무도 팀 계약서를 진지하게 받아들이지 않았어. 목표를 달성하지 못한 것을 지적하면 '그래서 어쩌라고?'라는 대답이 돌아오기 일쑤였지. 누군가 자신의 목표를 달성하지 못했다고 해서 팀원들이 그 사람을 팀에서 추방할 수 있을까?"

"계약서가 긍정적인 마음으로 만들어졌다면 팀워크의 좋은 기반이 되고 서로를 하나로 묶어주지. 그리고 함께 싸워온 시간을 평가절하하는 것 또한 쓸데없는 생각이야. 모든 게 일의 일부분이니까. 변화를 가져오는 건 우리 태도야."

벼락이 치는 날 ─ 누가 앞장설 것인가?

팀은 종종 표류하고, 그럴 때면 누가 올바른 길을 보여줄 수 있는지 궁금해한다. 강한 바람은 때로 엉뚱한 방향에서 불어오기도 한다. 우리도 어떤 때는 똑바로 나아가고 어떤 때는 시작했던 곳으로 다시 밀려오기도 한다. 전진은 직선으로만 이루어지는 것은 아니다.

마리아는 우리의 토론이 비관적으로 흐르는 것에 질린 듯했다. "그렇지만 여기서 즐거운 순간들도 셀 수 없을 만큼 많이 경험할 수 있어." 그녀가 목소리를 높였다. "뭘 하든 변덕스런 감정은 늘 따라다녀. 이 모든 것의 핵심은 이 놀라운 사람들과 훌륭한 일을 함께 한다는 거야."

빌리가 끼어들었다.

"이런 공동체에서는 정기적으로 성공을 축하하고 즐겨줘야 해! 모든 팀이 로켓 데이의 주제에 따라 옷을 꾸며 입잖아. 화성인, 카우보이, 인디언처럼 말이야. 매달 신참 재담가들이 재주를 테스트할 수 있는 헤드 카운트 행사가 있어. 팀끼리 경쟁도 하고 고객 주간, 동계 올림픽도 있고 공원으로 피크닉도 가지. 누가 이런 곳을 그만두고 싶겠어?"

빌리는 지난 봄의 락사 데이^{Raksa Days}(건설박람회)를 떠올리며 웃다가 다시 진지하게 말했다.

"떠나는 것이 전적으로 개인의 선택이 아닌 경우도 있어. 팀에서 팀원을 쫓아낼 수도 있어. 날벼락 같은 일이지. '팀은 팀원을 추방할 수 있는가?'라는 레토넨의 블로그 글을 읽어봤어? 자, 컴퓨터를 켤 테니까 읽어봐."

빌리의 맥북이 잠시 기긱 하더니 곧 블로그가 열렸다.

"티미아카테미아에서 가장 힘든 상황은 팀이 팀원을 추방할 때일 겁니다. 구성원들 간의 인간관계는 우리가 하는 모든 업무의 기반이며 우리가 추구하는 가치 중 하나입니다. 팀의 초기 단계에는 팀원들이 대부분 서로를 모릅니다. 그런 이들이 같은 팀에서 3년 반 동안 함께 일하면 서로를 잘 알게 됩니다. 우리 학습자들 중 다수는 평생의 친구가 되지요.

우리가 일하는 방식이 모두에게 적합하지는 않다는 것을 압니다. 무엇보다도 여러분은 적극적인 학습자가 되어야 합니다. 팀 기업을 통해서 배움이 이루어지기 때문이죠. 팀에 헌신하고 팀의 목표를 추구하는 것은 즐거운 도전입니다. 그런데 학습자가 헌신하지 않는다면 어떻게 해야 할까요? 프로젝트에 관한 일을 하지 않거나 고객을 찾지도 않는다면? 트레이닝 세션에 자주 빠지거나 책을 읽지 않는다면? 어느 팀원이 팀 내에서 '골칫거리 동료'라면 어쩌죠? 이럴 때는 누가 개입할 권한이 있을까요?

팀은 이해심을 기반으로 운영됩니다. 그래서 친구들의 말에 귀를 기울이고 가능한 모든 방법을 동원해 그들을 격려하죠. 다시 바로잡을 시간을 주고, 신뢰하며, 모든 것이 잘될 것이라고 믿습니다. 그런데 아무것도 변하지 않는다면요? 그 팀원이 자신의 방식을 바꾸지 않는다면요? 규율은 팀에서 나오고 팀원들은 서로에 대한 권한이 있습니다. 자기 몫을 다하지 않는 사람을 언제까지 용납해야 할까요? 다양성은 인정됩니다. 팀에서 복제인간을 만들어내려는 것이 아닌 만큼 충분한 자유가 보장됩니다. 하지만 자유에는 책임이 따르고 모두가 자신의 일을 해야만 합니다. 그렇지 않으면 팀의 발전과 일의 진행에 큰 지장이 생깁니다.

티미아카데미아의 역사상 많은 학습자들이 졸업 전에 이곳을 영영 떠났습니다. 그들은 대부분 좋은 사람들이었지만 그들 가운데 다수는 무임승차자, 무늬만 팀원이었습니다. 경험에 따르면 팀은 훼방꾼들이 사라질 때 훨씬 더 잘 돌아갑니다. 그들이 떠나면 새로운 흐름이 만들어집니다.

누군가 팀을 떠나는 것은 언제나 슬픈 일입니다. 저는 아무도 떠나지 않기를 바랍니다. 그런 작별은 떠나는 팀원이 스스로 주도할 때 조화롭게 마무리될 수 있습니다. 하지만 스스로 떠나지 않고 추방되는 사람들도 있게 마련이죠. 추방할 권리는 누구에게 있나요? 팀은 협동조합으로, 팀원들이 소유한 독립적인 법적 단위입니다. 대학은 여기에 아무 권한이 없습니다. 각 기업은 구성원의 퇴출에 대한 근거를 스스로 정할 수 있습니다. 팀에는 고유의 가치, 목표, 목적이 있고 팀원들은 이를 따릅니다. 함께 이것들을 만드는 데 참여한 때부터 모든 구성원은 이를 따르는 데 온 힘을 기울여야 합니다. 기본 규칙은 함께 만드는 것이며 모두가 이를 따르기로 약속합니다.

대학이나 티미아카테미아는 누구도 추방할 수 없습니다. 법은 학생들에게 중요한 권리를 보장하고 있으며 매우 심각한 사안일 경우에만 이를 근거로 제명을 할 수 있습니다. 그렇기 때문에 팀에서 제명된 학습자라도 공식적으로는 여전히 응용과학대학의 학생입니다. 예를 들어 학습 속도는 학습자가 장학금을 받는 자격을 유지할 수 있는 정도여야 합니다. 학습자가 지나치게 느려지면 코치들이 개입하여 지도해야 합니다.

공식적으로는 제명된 팀원도 여전히 티미아카테미아의 학습자이지만, 어디에서 그들의 자리를 찾을 수 있을까요? 이곳에서 학습은 팀기업을 통해 이루어지므로 그들에게 다른 학습 공간을 제공할 수는 없습니다. 결국 그들은 허공에 뜬 상태가 됩니다. 티미아카테미아에서 팀을 떠나 혼자서 공부하려던 학습자들은 성공하지 못했습니다. 학습자들은 팀의 지원과 규율, 격려가 필요합니다. 현실적으로 보면 응용과학대학의 다른 경영 전공 프로그램에 지원하는 편이 그들에게는 더 낫습니다. 대부분의 학생들이 그러한 방식으로 졸업을 했으므로 이에 대해 경험상 긍정적입니다. 물론 학습자들은 다른 일을 하다가 봄에 다른 학교에 지원할 수도 있습니다.

결론적으로 말하자면, 상황에 따라 팀은 팀원을 추방할 수 있습니다. 하지만 이것은 최후의 수단이며 팀원을 존중하는 가운데 최대한 조심스럽게 이루어져야 합니다. 이런 일은 동료들에게는 아주 힘든 도전이 되지만, 우리는 아직 대안을 찾지 못했습니다. 언젠가는 찾을 수 있기를 바랍니다."

"꽤나 가혹하게 들리는군." 블로그를 읽고 나서 마리아가 말했다. "우리 팀에서도 한 명이 떠났어. 그를 격려하고 도우려 했는데도 말이야. 몇 달의 일이 수포로 돌아갔지. 우리는 그가 팀에 남을 수 없다는 것에 동의했어. 모두를 위해 좋은 해결책이었고 누구도 나쁜 감정을 갖지는 않았던 것 같아."

빌리도 첫 해에 몇몇이 팀을 떠난 것을 떠올리며 말했다. "그런 일은 언제나 슬퍼. 정말로 모두들 포옹을 하게 되지. 내 말은, 그 누구의 잘못도 아니라는 거야. 팀 계약서를 쓴다는 건 종종 누군가는 떠나야 한다는 걸 의미해. 물론 사람들이 목표를 따르지 않는다면 그 계약은 신뢰할 수 없게 돼. 우리 태도는 분명해야 해. 번개는 계속 칠 것이고, 사탕은 모두에게 똑같이 나눠지지 않아. 그리고 재앙은 늘 구석에 숨어서 기회를 노릴 거야."

"맞아, 많은 사랑과 평화가 필요해." 마리아가 한숨을 쉬며 말했다. "우리 규율은 충분한 걸까? 하지만 서로를 손가락질하는 건 소용없어. 서로 존중하고 솔직하게 소통해야 성공할 수 있을 거야."

마리아가 말을 이었다.

"벼락은 피할 수 없어. 하지만 그럴 때마다 그만두거나 자기 연민에 빠질 수는 없어. 자기 연민은 정크 푸드 같아서 아주 맛있거나 건강에 좋은 건 아니지만 우리 몸과 마음을 채워줄 거야. 패트 라일리는 번개가 칠 때 절대로 '괜찮을 거야'라고 해서는 안 된다고 말했어. '당신은 화를 내야 한다. 그 정도의 실망감은 당신에게 상처가 되지 않을 것이다. 그러면 당신은 더 강해져서 일로 돌아갈 것이다.'라고 했지. 생각하는 대로 이루어지는 거야. 우리는 생각하고 그것을 시각화하면서 우리의 미래를 만들어가기 때문이지. 실패해도 괜찮다고 생각하면 우린 틀림없이 실패할 거야."

"라일리는 역경 때문에 꿈에 대한 믿음을 잃어서는 안 된다고도 말했어. 또 엘리너 루스벨트는 '미래는 꿈의 아름다움을 믿는 사람들의 것'이라고 했지."

빌이 이렇게 덧붙였다.

숨 막히는 시기 ― 뭐든 너무 오래 걸려

우리의 대화는 아이디어 식당 위 2층에 있는 마데 팀의 사무실에서 이어졌다. 그곳은 아늑했고 그들만의 수족관이 있었다. 수족관 안에는 작은 메기가 있었는데 항상 바위 뒤에 숨거나 수초 잎 뒤에 거꾸로 매달려 있었다. 움직이지 않는 것이 가상의 적에 대한 최고의 방어라고 믿는 것 같았다. 메기의 임무는 수족관을 깨끗하게 유지하는 것이다. 진짜 진공청소기 노릇을 한다.

마니판티 팀의 야르코가 우당탕거리며 들어왔다. 메기는 청소를 멈추고 돌무더기 뒤로 달아났다. 야르코는 티미아카테미아에서 마지막 가을을 보내고 있는데 그가 속한 팀은 1월에 8주간의 세계일주를 떠날 예정이다.

"여긴 무슨 모임이야? 다들 걱정스러워 보이는데 심각한 건 아니겠지?"

야르코가 물었다. 우리가 야르코를 대화의 장에 초대하자 빈백을 들고 와서 그 위에 몸을 던졌다. 그의 태도는 티미아카테미아에서 쌓은 수년간의 경험을 보여주었다. 그는 티미아카테미아의 가치관에 따라 지식의 흐름에 기여하고 자신의 노하우를 후배들과 공유한다.

"우린 패트 라일리의 책을 열심히 연구했어." 마리아가 자랑스럽게 말했다. "우리는 팀의 생애주기에서 다섯 번째 단계인 '숨막히는 시기'에 있어. 어려운 시기를 겪은 뒤여서 팀은 회복하고 다시 일어서려고 노력해. 물론 이런 발전 단계들은 순서대로 오는 게 아니라서 순서가 바뀔 수도 있고, 몇 단계가 동시에 일어나거나 어떤 부분은 아예 일어나지 않을 수도 있어. 어쨌든 이 모든 단계가 흥미로우리란 건 확실해. 야르코, 넌 모든 단계를 거쳤겠지?"

야르코는 수족관을 유심히 봤지만 메기를 찾지 못한 모양이다.

"너희 진공청소기는 어디 있어? 내가 그 녀석을 또 겁준 건가? 그 작고 순진한 '후버(진공청소기 회사)'를 놀라게 했다니 동물학대가 딴 게 아냐. 맞아, 마니판티에서 우리가 지나온 그 단계들은 때로는 험난했어. 작년은 다른 때보다 수월했고. 나는 우리가 돌파구를 찾았다고 생각해. 정말 기분 좋은 일이지. 돌파구를 찾기 전에는 오랫동안 사막을 터벅터벅 걸었고, 그러는 동안에는 거의 이룬 게 없었어. 그때는 입이 바짝바짝 마르더라고. 'choke(숨 막히다)'가 '공기 흡입 장치'나 '목 조르기'라는 뜻도 있잖아? '공기 조절장치'라는 뜻도 있고. 그 시절 생각을 하니 지금도 입이 마르네. 어젯밤에는 안시와 '수요일 수프Wednesday Soup'를 먹었거든."

그 말에 빌리가 눈치 빠르게 차가운 우유 한 잔을 가져다주었다. 야르코는 그걸 벌컥벌컥 들이켜고는 얼굴을 찌푸리며 말했다.

"어젯밤부터 입에 남아 있는 이 시큼한 맛은 뭐야!" 그러고는 말을 이었다. "근데 내가 무슨 말을 하고 있었지? 아, 그래. 우리는 두 번째 봄에 팀 계약서를 만들었어. 모두가 그걸 지키게 되기까지는 오랜 시간이 걸렸지. 진짜 돌파구를 찾은 건 3학년이 된 다음이고 그때부터 팀은 일이 효과적으로 돌아가기 시작했어. 우리가 함께 경험한 승리, 최고의 순간들이 사막을 통과하는 데 도움이 되었어. 우리도 그런 적이 좀 있었다니까.

숨 막히는 상황은 팀이 자초한 경우가 많고 새로운 실패에 대한 두려움이 그런 상황에 불을 붙이지. 도전은 너무 거대해 보이게 마련이야. 새로운 프로젝트는 죄다 위험해 보이고 사람들은 자기 기술이나 대처 능력을 믿지 못하게 된다고."

"때로는 승리가 두렵기도 해." 마리아가 끼어들었다. "우리가 성공하면 어떡하지, 라는 마음이 들기도 하지. 가끔은 지는 게 이기는 것보다 쉬워. 자신감을 키우는 것도 중요하지만 준비가 안 된 채로 도전에 나설 수는 없어. 싸울 의지가 있는 것과 준비가 된 것은 다른 거야. 의지가 있다는 건 그저 도전에 직면해 있는 것에 지나지 않아. 준비가 되어 있다는 건 몸과 마음 모두 구체적으로 싸울 대비가 되어 있고 그 상황에 대처하겠다는 뚜렷한 의식이 있는 거야. 이 둘은 크게 달라. 심지어 그 책에서도 인내심을 가져야 한다고 말하잖아."

돌파 — 인생 여정이 시작되다

"많은 경우 우리는 우리 자신의 성공에 있어 가장 큰 걸림돌이야." 야르코가 웃으며 말했다. "자신이 경험한 것, 행한 것과 행하지 않은 것이 무엇인지 이해하려고 애쓰는 것으로 충분해. 그 모든 것을 마음속으로 삭이고 쓰라린 경험의 조각들까지 삼켜버리면 되는 거야. 그리고 마침내는 자신과

팀을 받아들여야 해. 위대한 업적은 밀어붙이는 게 아니라 지속성으로 이루어지니까. 오랫동안 노력하면 공중에서 조용한 속삭임이 울리는데 팀원들은 그걸 거의 못 들어. '때가 왔다'는 그 소리를 말이야."

"그러면 돌격!"

야르코가 갑자기 손을 치켜든 채 함성을 지르며 빈백에서 뛰어오르자 마리아가 꽥 소리를 질렀고, 그 바람에 빌리가 차가운 커피를 삼키다 사레가 들렸다. 나는 입이 떡 벌어졌다. 순간 야르코가 군대에서 중위였다는 게 기억났기 때문이다.

"항상 돌파에 대비하라고!" 야르코가 흥분해서 소리친다. "어쩌면 구석에서 너를 기다리고 있을지도 몰라. 하지만 이건 꼭 기억해. '망치를 들고 있을 때는 모든 문제가 못으로 보인다.' 무언가 다른 관점으로 바라볼 때 결국 돌파할 수 있는 거야."

마치 누군가 '일시정지' 버튼을 누른 것처럼 오랫동안 침묵이 이어졌다. 야르코의 표현 방식은 매우 극적이어서 소화하는 데 시간이 좀 걸렸다. 야르코는 잠시 틈을 두었다가 절묘한 타이밍에 다시 이야기를 시작했다.

"돌파해야 할 상황이 닥치기 전에는 뭔가 직감이 올 거야. 팀원들이 함께 다양한 방법으로 다양한 일을 배운다면 때가 거의 온 거야. 망할 놈의 패거리들과 팀 내의 다른 구성원 사이가 말랑말랑해지면서 서로 경계를 허물기 시작하지. 팀원들 사이에 새로운 신뢰감이 피어나고 더 많은 사람들이 책임감을 갖기 시작해. 의사소통이 개선되고 사람들이 자기감정이나 실수, 약점을 공공연히 표현해. 드디어 표면 아래에서 끓고 있던 갈등에 대해 토론할 용기가 생기고 서로에게 솔직하고 도움이 될 만한 피드백을 주는 법을 알게 되는 거야. 그러자 갑자기 팀의 분위기가 좋아졌어. 그런 뒤에 우리는 최종 결정을 내렸어. 모두가 세계일주를 떠난다, 그리고 코치는 데려가지 않는다!"

야르코가 웃으며 엄지손가락을 치켜들고는 이야기했다.

"코치와 무슨 안 좋은 일이 있었던 건 아니야. 하지만 돌파 이후에는 팀에서 코치의 역할이 아주 미미했어. 팀은 이제 온전히 스스로 방향을 정하고 목표 달성을 향해 뛰어들게 되었거든."

돌파에 대한 이 얼마나 훌륭한 설명인가! 나는 고개를 끄덕이며 동의를 표했다. 그러면서 우리 팀이 "때가 온 거야."라는 속삭임을 들으려면 몇 년은 더 걸릴 거라는 사실을 깨닫고 침울해졌다. 하지만 팀의 발전 단계에 대해 기본적인 이해를 할 수 있게 된 것은 큰 위안이었다. 우리는 더 이상 어두운 숲길을 더듬거리고 있지 않았다. 이미 길을 찾은 것이다.

"그거 멋지네. 이제야 마음이 좀 가라앉아." 마리아가 웃으며 말했다. "그 돌파, 그럴듯해 보인다고. 팀에게 신선한 자극이 되겠어. 널 보니 확실히 그럴 것 같아. 너희 팀은 업무를 열심히 하고 있고 협동도 잘되잖아. 물론 앞으로 할 일도 많아 보이지만 말이야. 세계일주는 큰 활력이 될 거야. 1월에 출발하려면 돈이 많이 필요하겠네.

우리 팀이 3년 후에 비행기를 타고 날아오를 그날이 기다려진다. 이 모든 즐겁고, 힘들고, 고통스러운 순간들을 함께한 후에 말이지."

야르코는 '시니넨 야 발코이넨Sininen ja valkoinen('파란색과 흰색'이라는 노래. 해외에서 핀란드를 그리워하는 내용이다)'을 흥얼거리기 시작했다. "내 고향을 떠났네." 하는 가사가 떠올랐다.

"다른 팀들이 우리를 즐겁게 기억하고 우리가 떠났을 때 그리워했으면 좋겠군. 우리를 위해 눈물을 찔끔 흘릴 수도 있을 거야. 팀이 목표를 달성하면 코치들이 정말 기뻐할 거야. 이건 내 인생 최고의 모험이었어. 그래도 아직 한 가지 이뤄야 할 꿈이 있어. 바로 우리 팀과 떠나는 세계일주야."

야르코가 말했다. 감정이 격해진 야르코의 눈에서 눈물 몇 방울이 볼을 타고 흘러내렸다. 포옹이 필요한 순간이다! 하지만 나는 여기서 멈추고 싶다. 이야기의 가장 달콤한 부분인 목표를 이미 이루었는데 이야기를 계속할 이유가 있을까?

자기만족 — 마지막 도전

야르코는 감정의 홍수에서 빠져나와 말을 이었다.

"우리에게 좋은 기회가 될 거야. 필요한 돈은 거의 다 벌었어. 기분은 좋지만 감정적으로는 아직 힘겨워. 자기만족은 내가 좋아하는 감정은 아니야. 마음은 이미 저 먼 세계로 가 있지만 여행 후에 어떻게 될지 걱정이 되기도 해."

"패트 라일리는 불필요한 걱정은 나쁘다고 했지만 건전한 경계심과 현실감각은 좋은 거야." 마리아가 말했다. "물론 불을 너무 일찍 끄는 건 잘못된 판단일 수도 있어. 캄캄하면 냉장고를 찾기가 어렵거든. 음, 진지하게 말하자면 그게 맞는 말인 것 같아. 돌파 이후에도 간절한 목표나 발전하려는 의지가 없다면 퇴보는 불가피해. 냉장고는 비었는데 실내조명도 망가져 있는 꼴인 거지."

"그거 참 익숙한 상황이다." 야르코가 말했다. "예전에 팀 리더를 포기했을 때 나는 한참 뒷걸음질했어. 그런 뒤 여름이 되어서야 온 힘을 다해 집중할 만하고 영감을 주는 도전을 발견했지. 안시와 나는 호숫가에서 키비살멘 키에바리Kivisalmen Kievari라는 바비큐 식당을 운영했는데, 사업은 번창했어. 인생을 다시 한껏 사는 기분이었지. 이 성공으로 기쁨과 만족감을 얻기는 했어. 올 가을에 그 일을 그만두는 데는 큰 결심이 필요했지."

숙달 — 도전, 교훈, 꿈, 그리고 자신에 대한 믿음

"뭐든 항상 더 많이 해야 하고, 더 열심히 훈련하고, 더욱 주의를 기울이고, 더 높은 수준의 성과를 이루어야 해." 빌리가 빈백에 파묻힌 채 중얼거렸다. "숙달의 길은 멀고도 험하지만, 팀원 한 사람 한 사람이 조금씩이라도 노하우를 개발하면 팀 전체의 성과가 크게 개선돼."

"팀의 최종 목표가 숙달인 거 아닌가?" 마리아가 물었다. "우리에게는 분명히 잠재력이 있으니까 더 큰 것을 향한 열망을 멈추지 말아야 해. 승리의 월계관에 안주하기 쉽지만 숙달을 이룬 사람에게 쉼이란 없어. 하나의 꿈이 이루어지면 새로운 꿈을 찾아야 한다는 것을 알게 되지. 그런 사람은 자신의 능력에 대해 높은 기준과 믿음을 가지고 있어."

"마니판티는 어때?" 마리아는 생각에 잠긴 야르코 쪽으로 눈길을 돌렸다. "3년 반이 지나면서 숙달 상태에 이르렀어?"

"아니, 아직." 야르코가 단호하게 말했다. "시간은 촉박하고, 우린 아직 갈 길이 멀어. 세계일주를 마치고 집에 돌아왔을 때 가장 큰 도전이 우리에게 닥칠 게 분명해. 현실에 집중하며 살지 않거나 여행이 우리의 일상과 동떨어진 유토피아가 되면 숙달 상태에는 도달할 수 없어. 여행이 숙달 상태로 만들어주는 건 아니지만, 올바른 태도와 겸손함을 유지한다면 그 여행도 언젠가 숙달 상태에 이르는 데 도움이 되겠지. 여행 경험이 우리 사고의 폭을 넓혀줄 것이고 우리가 다른 관점으로 보는 데 도움을 줄 거야."

"나는 '때가 됐다'는 속삭임을 아직 듣지 못했어." 야르코가 빙긋 웃으며 말했다. "숙달이 아직 멀었다는 건 알고 있지만 어디선가 적절한 시기와 때를 기다리고 있겠지. 우리는 아직 준비가 안 됐을 뿐이야."

판 키우기

티미아카테미아의 베테랑들은 그들이 남긴 유산을 자랑스러워 해야 한다. 또한 어떤 것도 영원하지 않으며 그 핵심은 언젠가 깨질 것이라는 것을 인정해야 한다. 핵심에 금이 가는 것에 대해 패트 라일리는 핵심 선수들이 우승 팀을 떠나는 순간이라고 말한다. 이런 일이 생긴다고 해서 팀원들이 스스로 이룬 모든 것을 잃는 것은 아니다. 그들은 과거의 경험을 내면화하여 미래의 성장을 위한 기반으로 삼을 수 있다. 하지만 팀의 운명은 매번 다르다.

시간이 지나면 대부분의 팀원들이 떠나고 팀이 누리던 영광의 시대가 끝이 난다. 잘못된 운영 모델은 통제한다고 해도 완전히 바로잡기 힘들어 결국에는 강력한 힘으로 팀을 망가뜨린다. 이것이 팀이 맞이하는 종말이다. 누구도 변화의 순환을 피하거나 그것에서 마음대로 빠져나갈 수 없다.

전진

빌리는 시적으로 변해서 영웅담을 시작했다.

"팀의 핵심이 무너진 폐허 위에 선 베테랑들은 계속 전진하면서 새로운 팀과 도전과 목표를 찾으려고 노력하는 것 외에는 선택지가 없어. 계속 움직인다는 것이 후퇴는 아니야. 계속해서 깨어 있게 만드는 고무적인 변화이지. 팀원들이 한번 성공을 맛보면 다음 모험은 결국 훨씬 더 풍성하고 쉬운 경험이 돼."

야르코가 아주 진지한 얼굴로 잠시 생각에 잠겼다가 말했다.

"내가 감정적으로나 정신적으로 뭔가 새로운 것에 맞닥뜨렸다는 걸 알아. 세계일주 후에 내 모험이 어디로 이어질지 전혀 알 수 없어. 나는 내 미래와 여정에 다가올 어떤 가능성에도 열려 있어. 하지만 먼저 티미아카테미아를 놓아줘야 해. 그래야 언젠가 이곳으로 돌아올 수 있으니까. 뭔가를 포기하면 뭔가 얻는 게 있지."

야르코의 이야기를 듣고 나는 슬픈 건지 기쁜 건지 잘 알 수 없었다. 그를 존중하는 마음이 차올랐고 행복과 고마움이 느껴졌다. 야르코는 분명 자신이 성취한 것을 자랑스러워 할 자격이 있다. 빌리는 얼굴에 미소를 머금은 채 잠이 들었다. 마리아는 진심을 담아 야르코를 한참 동안 안아주었다.

팀의 발달 단계

카첸바흐와 스미스(Katzenbach and Smith, 1993)

성과

작업 집단

유사 팀

잠재적 팀

시간

고성과 팀

진짜 팀

작업 집단(0~4개월)

우리는 이제 막 티미아카테미아에서 공부를 시작했을 뿐이다. 차차 서로의 이름과 출신지를 기억하게 될 것이다. 트레이닝 세션에서는 활발하게 토론을 하는데 가끔은 흥분해서 다른 사람의 발언을 방해하거나 말하던 것을 잊어버리기도 한다. 아이디어나 진행 중인 프로젝트는 여럿 있지만, 우리가 정말 성취하고 있다는 느낌은 들지 않는다. 제대로 이룬 것은 없지만 잘하고 있는 것인지도 모른다. 12년 동안 전통적인 학교에서 그룹이나 팀이 아니라 혼자서 공부하도록 배운 탓에 터놓고 말하는 게 조금은 서툴고 자신감이 약하다. 아침이면 팀 사무실로 모이는데, 그곳이 티미아카테미아에서 유일하게 안전하게 느껴지는 장소다. 우리는 아직 새로운 학습 모델에 익숙하지 않고 팀의 발전도 예측할 수 없다. 이 모든 상태에 나는 어떻게 대응해야 할까? 트레이닝 세션의 체크인 라운드는 스트레스 덩어리이며, 남들 앞에서 말하는 법을 배워야 함을 절실히 느낀다. 하지만 몇몇 팀원들과 개인적으로 혹은 소규모로 어울려 대화하는 것은 좋다. 그런 환경에서는 나도 수다스러워질 때가 있다. 가끔은 티미아카테미아가 나에게 맞는 곳인지 의심이 든다. 내가 나 자신에게 바라는 게 너무 많은 것일까? 아니면 다른 사람들이 나에게 너무 많은 것을 바라고 있는 걸까? 나에게 뭔가를 해낼 능력이 있기는 한 걸까?

자신감 넘치고 수다스러운 팀원들이 모든 공간을 차지하고는 자기들이 원하는 방향으로 납치라도 한 것처럼 팀을 몰고 간다는 생각이 든다. 하지만 나는 그들에게 저항할 용기도 없고 적어도 당분간은 다수의 결정에 묻어가야 할 것이다. 가끔은 내 의견을 대놓고 말하고 싶지만 그로 인해 다른 팀원의 마음이 상해서 팀 분위기가 깨지고 갈등이 생길까 싶어 접고 만다. 팀에서 말썽꾼이나 김을 빼는 사람이 되고 싶지는 않다. 여기서 하는 일이 성과를 내게 될지 의심하는 팀원들이 있는 걸 보면, 팀원 모두가 팀 활동에 전념하는 건 아니라는 생각이 든다. 그렇지만 이렇게 가족처럼 느껴지는 팀이 있어 나는 만족스럽다.

유사 팀(5~12개월)

가끔씩 나는 비즈니스에서 성과를 내는 비책을 찾은 것 같은 느낌이 든다. 우리는 진짜 팀이다. 아니, 정말 그러할까? 우리는 연대감을 느끼고 있고 특히 자유 시간에 함께 즐거운 시간을 보낸다. 일부 팀원들은 여전히 감정을 드러내거나 솔직하게 말하기를 두려워한다. 나는 왜 그런지 이해하기 시작했고 예전보다 팀워크에 대해더 많이 알게 되었다. 지금까지 우리 팀은 진정한 도전들을 마주했다. 책을 읽으며 합의한 만큼 북포인트를 얻고, 팀 기업에서 지출할돈을 모으고, 티미아카테미아의 공동 행사에 참여하는 것 말이다. 하지만 서로 합의한 기본 규칙을 모든 팀원이 철저히 지키고 있지는 않다. 많은 팀원이 북포인트가 모자라고, 몇 명은 트레이닝 세션에 자주 늦거나 아침시간에 티미아카테미아에 거의 나타나지 않는다.

트레이닝 세션 분위기가 가라앉을 때도 있다. 누군가가 상기되어 중요한 이야기를 해도 그저 심드렁한 얼굴로 앉아 있다. 갖가지감정이 요동치다가 바깥으로 터져 나오기도 한다. 지난 트레이닝 세션에서는 팀원 한 명이 울음을 터뜨렸다. 경청, 존중, 내 차례 기다리기, 진심을 담아 말하기라는 대화의 법칙은 아직 제대로 작동하지않는다. 당사자들 뒤에서 여러 화젯거리를 들먹이고 험담을 한다.다행히도 나는 팀에 좋은 친구들이 있다. 그들은 사고방식이 나와아주 비슷하다. 같은 고등학교 출신이며, 그중 한 명은 나와 같은 반이었고 또 한 명은 여름에 나와 함께 아르바이트를 했다. 트레이닝 세션에서 우리는 나란히 앉고 여자애들은 죄다 반대편에 앉는다.

우리는 팀의 운영 그룹을 선출했다. 후보가 많아서 선거를 해서 결정해야 했다. 후보로 나섰다가 뽑히지 않은 사람들은 상처를 입고 힘들어했고, 자신감이 없는 몇몇 팀원은 팀워크라는 걸 전혀 믿지 못하겠다고 볼멘소리를 했다. 그들은 팀 활동이 비효율적이라며 혼자 일하기 시작했고 팀과 함께 일하지 않는 핑계를 그렇게 대고 있다.

잠재적 팀(12~24개월)

시간이 지나면서 팀원들은 부정적인 분위기에서 벗어나고 싶어 했다. 우리는 반대만 하는 걸 그만두었다. 모두가 서로 좋아한 건 아니지만 서로를 용납하고 함께하는 법을 배웠다. 팀에 긍정적인 기운이 깃들었다. 모두가 서로 다르지만 우리는 행복한 대가족이다. 이제서야 팀이 하나가 되었다는 생각이 들기 시작했고 졸업할 때까지 이렇게 함께할 것이다.

이런 방식이 모두에게 적합한 것은 아니어서 몇몇은 전통적인 비즈니스 공부를 하러 응용과학대학으로 옮겨갔다. 우리는 경험한 것을 터놓고 이야기할 수 있었다. 서로 결점과 실패를 털어놓고 숨어 있는 함정을 찾으려고 함께 애썼다. 나는 책 읽는 것이 힘들어서 목표한 북포인트에 도달하지 못했다. 다행스럽게도 우리 팀은 누구라도 문제가 생기면 솔직하게 말하기로 했다. 팀원들은 가능한 모든 방법을 동원해 서로 도울 의무가 있다. 이 부분은 나중에 우리가 작성한 기본 규칙에 포함되어 있다. 우리가 진행하는 프로젝트에 문제가 있었지만, 지금 나는 지역의 큰 회사를 위한 겨울 이벤트를 준비하는 데 참여하고 있다. 팀원 세 명이 그 프로젝트를 함께 하고 있으며, 곧 수익도 생길 것이다.

우리 팀은 헝가리 데브레첸에 있는 티미아카테미아를 방문하여 3주 동안 머물 예정이다. 팀원 몇 명은 빠지는데 외국의 환경이나 특정한 팀원들과 함께하는 것에 자신이 없어서다. 향수병을 두려워하는 친구도 있다. 팀의 분위기는 여전히 가라앉아 있고, 그래서 모든 게 바라는 대로 돌아가지는 않는다. 우리는 좋은 기운을 유지하려고 노력하고 있고 그 결과는 대부분 성공적이다.

진짜 팀(24–32개월)

우리 팀은 하는 일마다 이야기를 만들어 공유한다. 이야기는 곁길로 샐 때도 있고 제대로 된 팀과 팀워크에 대한 이상적인 기대와 추측이 끼어들 때도 있다. 팀은 일어나고 있는 일들을 팀의 핵심 가치와 기대에 비추어 걸러낸다. 어떤 일들은 어느 정도는 중요하지만, 문제의 실제 상태나 상황을 보여주지는 않는다. 유사 팀이나 잠재적 팀에서는 괜찮을지 몰라도 진짜 팀은 진실을 똑바로 바라본다.

이제 우리는 진짜 협력하는 방법과 전문가답게 갈등을 다루는 방법을 알게 되었고, 어느 누구도 분을 품은 채로 놔두지 않으면서 모든 일을 순조롭게 진행한다. 우리 팀은 이미 몇 개의 큰 프로젝트를 수행했고 현금 흐름도 꽤 안정적이다. 우리는 성과를 내고 있고 우리 팀 역사상 처음으로 적지만 모두에게 월급을 지급할 수 있게 되었다. 우리의 트레이닝 세션을 참관한 방문객들은 우리가 진실하게 서로를 존중하고 경청하는 모습을 보고 우리의 대화 능력에 감탄한다. 물론 수백 시간에 걸쳐 연습한 결과다. 모두가 각자만의 '뭔가'를 가지고 있다. 우리는 각자 자신의 관심사를 찾았고 팀은 모든 팀원이 목표를 달성하고 작은 꿈을 이룰 수 있도록 하는 데 도움이 된다. 우리 모두 셀프 리더십과 자기주도성을 훌륭히 발휘하므로 팀의 새 운영 그룹은 훨씬 수월하게 팀을 운영할 수 있게 되었다. 팀 리더는 우리가 목표를 달성했는지 점검하고 우리가 더 높은 수위의 도전을 발견할 수 있도록 새로운 길을 열어준다. 우리 팀의 리더는 본보기가 될 만하다.

고객들과 자연스럽게 일할 수 있어서 기분이 좋다. 나는 실전을 통해 자신감과 신뢰를 얻었다. 큰 규모의 프로젝트를 앞두고 두려워지거나 극복하기 어려운 도전을 마주할 때면 팀원 중 누군가가 항상 나를 도와주고 지원해줄 것이다. 우리는 함께할 때 더 강해지고 감히 엄두가 나지 않던 일들을 해낼 수 있다.

고성과 팀(36개월 이상)

평생 한 번이라도 고성과 팀에 속할 수 있다면 정말 좋겠다. 오직 소수의 선택된 사람들만이 이 수준에 도달할 수 있다. 스퀴태에 따르면, 도달했다고 해도 도달한 것이 아닌 상태가 바로 그런 수준이라고 한다(Skytta, 2000, 116).

어떤 팀도 그런 수준에 100% 다다를 수는 없다. 나는 그 수준에 도달했음을 어떻게 알아챌 수 있는지가 궁금했다. 그래서 스퀴태의 책을 바탕으로 고성과 팀의 특징을 목록으로 만들었다.

- 우리는 스스로 방향을 잡으며 그 방향으로 항상 발전하고 있다.
- 우리는 팀, 팀의 비즈니스, 고객을 섬기는 데 최선을 다한다.
- 우리는 아메바처럼 일한다. 고객의 기대와 팀의 결과가 이끄는 곳에 우리의 자원을 집중한다.

- 우리는 항상 서로 돕는다.

- 우리 팀은 명확한 목적을 가지고 있다.

- 우리 내부의 앙트러프러너십은 높은 수준에 있다. 우리는 건전한 방법으로 결과를 추구한다.

- 우리는 우리 팀 기업에서 일하며 정규 급여를 받는다.

- 우리 팀은 결과와 목표, 행동에 대해 모든 책임을 진다.

- 우리는 끊임없이 변화해야 함을 알고 있다.

- 우리는 팀에 필요한 중요한 정보를 수집하는 법을 알고 있으며, 지식의 흐름이 충분하지 않다고 불평하지 않는다. 우리가 그 흐름을 만들어낸다!

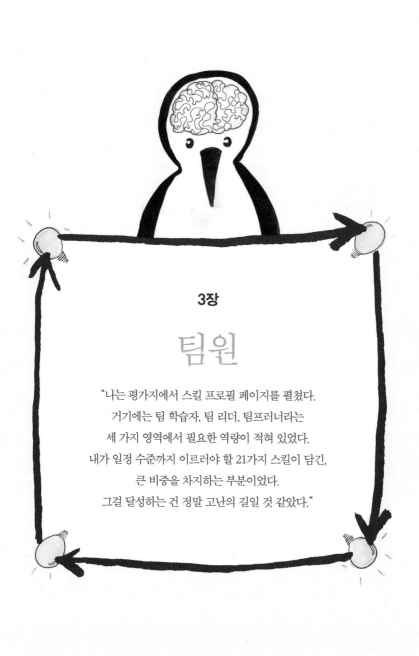

3장

팀원

"나는 평가지에서 스킬 프로필 페이지를 펼쳤다.
거기에는 팀 학습자, 팀 리더, 팀프러너라는
세 가지 영역에서 필요한 역량이 적혀 있었다.
내가 일정 수준까지 이르러야 할 21가지 스킬이 담긴,
큰 비중을 차지하는 부분이었다.
그걸 달성하는 건 정말 고난의 길일 것 같았다."

그렇다면 티미아카테미아에서는 무엇을 어떻게 배우는가? 여기에서 어떤 역량과 노하우를 습득할 수 있을까?

"티미아카테미아에서 여러분은 팀과 함께하며 팀프러너가 되는 법을 배울 겁니다. 이를 위해 자신이 속한 팀 기업에서 일하고, 책이나 그 밖의 자료에서 찾은 주요 이론과 정보를 실제에 적용하는 법을 익히는 거죠. 아주 간단해요."

헤드 코치인 울라 루카스가 안경 너머로 나를 바라보며 쾌활하게 말했다.

"하지만 그러려면 자기주도성을 충분히 발휘하고 적극적으로 접근해야 합니다. 적극적으로 지식을 발굴하고 적용해야 하죠. 아무도 지식을 소화하기 쉽게 만들어 떠먹여 주지 않을 겁니다."

"그럼 팀프러너로서 알아야 하는 것을 대체 어떻게 찾아내죠?"

내가 물었다.

울라가 선반에서 팀프러너 평가지를 꺼내며 말했다.

"이걸 읽어봐요, 가장 중요한 건 팀프러너의 스킬 프로필이에요. 앞으로 어떤 노하우를 쌓아야 하는지 보여주죠. 그렇다고 한꺼번에 모든 분야를 파고들지는 마세요. 공부를 시작하는 데 가장 중요하다고 느껴지는 것을 고르세요. 데이비드 콜브^{David Kolb}(1984)가 규정한 학습 사이클에 따라 활동적인 작업, 구체적인 경험, 성찰, 개념화라는 순서로 진행해보세요."

"그건 말 그대로 진흙에 손을 넣고 무언가를 하는 것으로 시작해야 제대로 배울 수 있다는 뜻인가요? 그리고 경험이 쌓이면 내가 배운 것을 팀에서 토의하고 공유해야 한다는 건가요? 그런 방식으로 내가 해야 할 일이 무엇인지 찾아내야 한다는 뜻으로 들리네요."

내가 물었다.

"정확해요." 하고 울라가 말했다. "그저 앉아서 기다릴 수는 없지요. 일을 시작해야 해요. 그리고 여기서는 학습이 자신의 팀 기업 안에서 이루어진다는 걸 잊지 말아야 합니다. 그건 그렇고, 지난달 수익은 얼마였어요?"

울라는 갑자기 자신의 분석적인 접근에 걸맞은 질문을 던졌다.

"아, 그렇게 많진 않아요, 재고를 떨어서 생긴 수천 유로 정도예요."

나는 약간 당황하며 대답했다.

"그 정도면 좋은 시작이네요." 울라가 말했다. "팀 기업을 운영하는 방법을 좀 더 배울 필요가 있겠어요. 현재 당신 사업은 기대에 미치지 못해요. 제안을 하나 할게요. 스킬 프로필을 살펴보고 우선적으로 습득할 것이 무엇인지 생각해보세요. 그러고 나서 앞으로 반년 동안 학습을 이끌어줄 학습계약서를 신중하게 짜보세요. 팀프러너로 성장하기 위해 정말로 당신이 열정적으로 할 수 있는 일, 당신이 가장 잘할 수 있는 일을 찾아내기를 진심으로 바랍니다."

"헬스장이 떠오르네요. '복근, 광배, 이두, 삼두, 유연성 등을 키우도록 훈련하시오! 확실히 쉽지는 않겠죠?'라는 식으로 꼭 개인 트레이너처럼 말씀하시네요!"

나는 약간 실망한 기색으로 말했다.

하얀 이케아 안락의자에 앉은 울라가 자세를 바꿔 앉고는 단호하게 말했다.

"어디 봐요, 배가 좀 나온 것 같은데, 피트니스 프로그램이 필요하겠네요! 그러니까 더 이상 앉아만 있지 마세요. 목표로 삼을 스킬 프로필을 작성하러 가세요. 이제 땀을 흘리고 체중을 줄일 시간입니다!"

그녀 말이 맞다. 나는 "나중에 봬요." 하고는 평가지를 들고 위층으로 올라갔다. 위층 복도에는 안락의자들만 놓여 있고 조용했다. 나는 평가지에서 스킬 프로필 페이지를 펼쳤다. 거기에는 팀 학습자, 팀 리더, 팀프러너라는 세 가지 영역에서 필요한 역량이 적혀 있었다. 내가 일정 수준까지 이르러야 할 21가지 스킬이 담긴, 큰 비중을 차지하는 부분이었다. 그걸 달성하는 건 정말 고난의 길일 것 같았다. 우리 팀의 프로젝트 트레이닝 세션에서 팀 리더인 미코 마르카넨이 "감자 한 상자의 껍질 벗기는 방법을 아니?" 하고 물었던 게 생각났다. 우리는 그 난제를 두고 끙끙댔다. 하지만 답은 아주 간단했다.

"한 번에 감자 한 개씩."

스킬 프로필도 똑같다. 한 번에 한 가지 스킬을 정하고 연습을 시작하면 된다.

팀 학습이란 배우는 능력, 그리고 새로운 지식을
함께 창조해낼 수 있는 능력이다. 이때 무엇보다 중요한 건 대화다.
인간 사고의 대부분은 집합적으로 이루어지기 때문이다.
다른 사람의 말을 경청하고 존중하는 태도를 유지하면서
내가 하고자 하는 말을 진솔하게 하는 법을 배워야 한다.
내 생각과 경험을 모든 팀원과 공유해서 활용할 수 있게 해야 한다.

팀 펭귄의 탄생과 삶

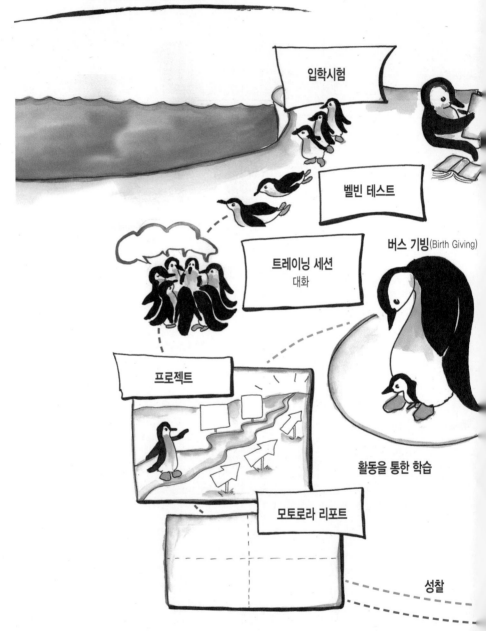

입학시험

벨빈 테스트

트레이닝 세션
대화

버스 기빙(Birth Giving)

프로젝트

활동을 통한 학습

모토로라 리포트

성찰

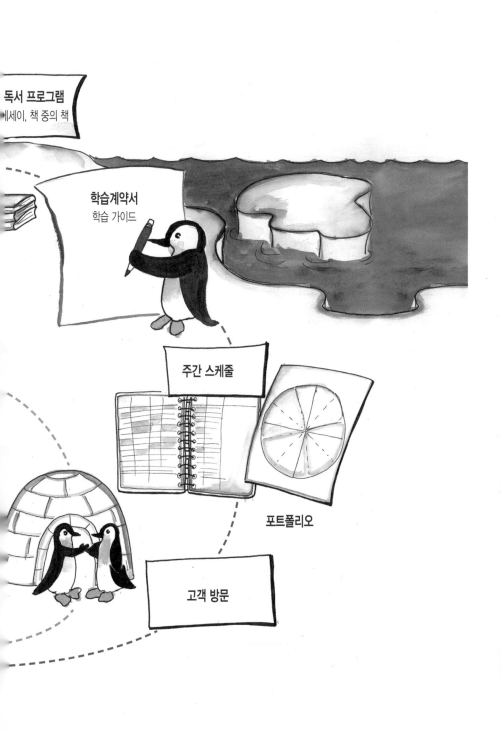

스킬 프로필

팀 학습자 — 학습할 수 있는 능력

나는 컴퓨터를 잘 다루지만 마이크로소프트 오피스^{MS Office} 어플리케이션을 최대한 활용할 줄은 모른다. 정보원을 찾고 활용하는 능력은 보통 수준으로, 늘 최적의 검색어를 아는 것은 아니지만 구글이 무엇인지 정도는 안다. 보고서는 문제없이 쓰지만 그것을 시각적으로 잘 만들지는 못한다.

스킬 프로필에 따르면 팀 학습이란 배우는 능력, 그리고 새로운 지식을 함께 창조해낼 수 있는 능력이다. 이때 무엇보다 중요한 건 대화다. 인간 사고의 대부분은 집합적으로 이루어지기 때문이다. 다른 사람의 말을 경청하고 존중하는 태도를 유지하면서 내가 하고자 하는 말을 진솔하게 하는 법을 배워야 한다. 내 생각과 경험을 모든 팀원과 공유해서 활용할 수 있게 해야 한다. 팀 학습은 재미있는 일이 될 수 있으므로 더 많이 경험할 필요가 있다. 우리가 할 수 있는 일은 목표를 높게 잡도록 서로를 격려하고 그 목표를 달성하도록 서로 돕는 것이다. 우리가 공유한 지식과 노하우는 고객, 코치, 티미아카테미아에 우리의 현재 역량을 보여주는 행사인 '버스 기빙'을 통해 구체화되고 분명해진다.

개인의 학습 능력과 태도란 우리의 노하우가 결실을 맺을 수 있도록 계획하고 실행하는 능력을 의미한다. 그런데 그게 대체 무슨 말일까? 스킬 프로필을 보면 학습이란 학습할 수 있는 능력을 말하는 것으로 보인다. 여기에서 핵심은 태도이다. 배우기를 원하지 않거나 학습 주제에 흥미가 없다면 배울 수 없을 것이다. 학교에서 이루어지는 학습은 강제로 떠먹여주는 것과 같다. 그렇다면 이제는 내가 나의 학습에 책임감을 가질 수 있을까? 어떻게 하면 가장 잘 배울 수 있을까? 활동하고, 읽고, 듣고, 관찰하면 되는 걸까? 울라는 학습계약서 작성이 상당히 중요하다고 말했다.

자기주도성은 내적 동기가 있을 때 발휘된다. 티미아카테미아에서는 많은 것이 이 자기주도성으로 집중되는 것 같다. 자유에는 책임이 따르고, 그 책임을 다할 때에야 자신이 원하는 것을 이루기 위한 노하우를 쌓을 기회가 주어진다. 과거에 나는 지시와 기대에 맞취 과제를 수행하는 적극적이고도 순종적인 일꾼에 지나지 않았다. 주도적인 실행자, 적극적인 탐색자, 행복한 발견자는 그와는 완전히 다른 것이다. 자기주도적인 학습자가 되려면 가만히 앉아서 다른 사람의 충고와 지시를 기다리기만 해서는 안 된다. 새로운 도전을 향해 나만의 길을 찾아 나아가야 한다. 코치들이 말한 것처럼 우리는 학습의 탐험가가 되어야 한다. 끊임없이 실험하고 새로운 것을 창조하는 것이 학습의 핵심이다.

팀 리더 — 나와 프로젝트와 팀을 이끄는 능력

스킬 프로필에 따르면 셀프 리더십은 나 자신의 행동을 계획하고 실행함을 뜻한다. 이를 위한 도구가 여럿 있는데, 그중 달력은 가장 유용한 도구임이 분명하다. 시간 관리는 쉽지 않은 일이다. 매주 두 번, 4시간 동안 트레이닝 세션이 진행되고, 이에 더해 팀 기업을 운영해야 한다. 또 티미아카테미아 행사에 참여하고, 고객을 방문하고, 마케팅 계획을 세우고, 많은 책을 읽고 에세이를 써야 한다. 자기주도성이 높은 사람들은 자신의 전형적인 행동 패턴을 인식하고 있다. 그래서 자신의 특성을 이해하기 위해 노력하고 자신의 장점과 단점을 쉽게 열거할 수 있다. 나 역시 다양한 방법으로 자기주도성을 향상시킬 수 있을 것이다. 학습 다이어리를 작성하고 메모를 잘

하는 것도 방법일 것이다. 활동의 지침으로 삼을 간략한 학습계약서를 만들어 계획을 구체적으로 표현하고, 목표와 이에 도달하기 위한 방법을 점검하는 것도 좋은 방법이다.

프로젝트 관리 역량은 프로젝트를 계획하고 실행하는 능력이다. 실제 고객과 함께 진행하는 프로젝트는 티미아카데미아에서 학습의 핵심이다. 어떻게 하면 일이 굴러가게 하고 사람들에게 영감을 줄 수 있을까? 어떻게 하면 비즈니스와 사람들을 이끌 수 있을까? 무엇보다 먼저 잘 기능하는 프로젝트 팀을 만드는 방법을 알아야 한다. 그리고 나의 팀원들이 서로의 목표를 달성하기 위해 일하도록 할 수 있어야 한다. 또한 재정 문제를 총괄할 지식도 필요하다. 그렇지 않으면 우리가 어떻게 수익과 지출을 관리할 수 있겠는가. 팀은 수행한 일에 대해 보수도 받아야 한다. 프로젝트 관리에 관해 책에서 정보를 찾을 수도 있고, 경험 있는 다른 팀 구성원과 코치에게 조언을 구할 수도 있다. 우리가 일을 통해 배운 것을 우리와 함께 학습하는 동료들과 나눈다면 모두에게 이익이 될 것이다.

스스로 결정을 내리고 목표를 세우기 위해서는 용기가 필요하다. 결정을 한다는 것은 쉬운 일이 아니다. 때로는 불확실한 상황에서도 결정을 해야 한다. 잘못된 결정을 내릴 수도 있다. 하지만 실수에서 배울 수도 있다. 망설이다가 일이 중단되지 않도록 하는 것이 중요하다. 실수를 겪으면서라도 목표를 향해 계속 나아가야 한다. 정확한 목표가 없으면 길을 잃고 헛된 일에 에너지를 쏟기 쉽다. 스킬 프로필에 따르면 결정을 내리는 용기와 목표지향적인 모습은 시간 관리, 연설, 계획, 실제 업무 수행에서 드러나게 된다.

팀프러너 ― 팀 기업 운영에 필요한 능력

서비스, 협상, 판매 역량은 소통과 관련된 능력, 그리고 고객 서비스, 협상, 판매에서 성과를 달성하는 능력을 말한다. 이런 기술을 습득하는 것은 내가 학습을 하면서 마주하게 되는 현실적인 도전이다. 고객 방문을 계획하려면, 그리고 목적에 맞는 고객을 만나려면 어떻게 해야 할까? 대화는 어떻게 시작하고, 나의 제품이나 서비스는 어떻게 판매할까? 그에 앞서 나는 고객이 구입하기 원하는 제품을 갖고 있기는 한 걸까? 이런 전문성은 용기 있는 도전을 통해서만 얻을 수 있다. 정말로 고객을 만나고 판매해야 하는 일을 찾아야 한다. 통화 공포증을 극복하고 고객에게 직접 전화를 해서 미팅 일정을 잡아야 한다. 아이스크림을 판매할 수도 있고 전람회 현장에서 진행하는 일을 할 수도 있다. 그러려면 거침없이 현장에 뛰어들어 직접 경험해야 한다.

마케팅 역량은 회사의 제품, 유통, 가격 결정, 의사소통, 전략, 자원, 고객 데이터 등을 통합하여 고객의 요구에 초점을 맞추는 동시에 이익을 냄으로써 고객의 요구를 충족하고 고객 범위를 확장하는 능력을 일컫는다. 스킬 프로필이 보여주는 이러한 점에서 유카 하시넨은 창의성을 최대한 발휘했다. 나는 마케팅에 관심이 많기 때문에 '마케터의 길' 연수를 신청하려 한다. 예를 들어 먼저 작은 규모의 프로젝트에서 세일즈 매니저로 일하면서 마케팅 훈련을 할 필요가 있다. 그리고 마케팅 기초에 관한 좋은 책들을 읽고서 마인드맵을 작성하고 체크 리스트를 만들고, 마케팅 계획을 세우고 그 계획을 실행에 옮길 것이다.

모형화와 이론에 관해 앙트러프러너가 갖춰야 할 역량은 사업에 적합한 이론과 모델을 확보해서 개발하는 능력으로, 매우 흥미로워 보인다. 우리 기업에 해당 이론을 적용하는 것이 중요함을 알아야 하고, 또 그 이론을 어떻게 현실에 적용할지도 배워야 한다. 예를 들어 축소 모형을 그리거나 제작함으로써 모형을 만들 수 있다. 그래픽을 활용하여 이해를 돕는 그래픽 퍼실리테이션^{Graphic facilitation} 기법도 좋은 방법이다. 모형화는 다양한 쟁점들 사이의 관계와 상호의존성, 그리고 그것들의 강조점에 대해 이해하는 데 도움이 된다. 티미아카데미아에는 이론을 현실에 적용하는 자체 모델이 있다.

네트워킹 역량은 개인, 파트너십, 비지니스 관계를 만드는 능력, 사람들을 연결하는 능력을 의미한다. 우리 팀은 우리의 네트워크에 대해 계속 생각해왔다. 사업 초기 단계에 우리에게 도움을 줄 중요한 사람은 누구이고 가장 적절한 회사는 어디일까? 여기에는 가족을 비롯해 친구, 함께 일한 적이 있거나 여가를 보낸 적이 있는 지인까지 포함된다. 티미아카데미아를 통해서 내외적인 협력과 고객 네트워크를 형성할 수 있게 되고, 이에 따라 친구와 지인의 수가 증가한다. 그 덕분에 우리 삶이 다채로워지고 기회가 생기는 것이다! 이에 더하여 우리는 다양한 미팅과 행사를 개최해서 사람들이 서로 알고 이어지게 한다. 티미아카데미아에서는 다양한 포럼이 열린다. 우리는 '파이어스톰Firestorm' 이벤트 같은 것을 통해 고객과의 만남도 마련할 수 있다.

"나는 나 자신의 지식과 역량에 따라 업무를 수행할 수 있다.

목표는 너무 이루기 쉽거나 어렵지 않게 설정해야 한다.

더는 실패나 실수를 두려워하지 않아도 된다.

시간 관리를 배우고 있어서 나 자신의 속도대로 일할 수 있다.

또 독특하고 새로운 방식의 학습을 경험할 수 있는 기회가 있다."

학습계약

티미아카테미아에서 '상호촉진cross-fertilization'이란 각기 다른 팀에 속하는 사람들이 서로의 트레이닝 세션에 참여하는 것을 의미하며, 그 목적은 팀들이 지식과 경험을 공유하고 다른 사람들의 일상으로부터 배우도록 하는 것이다. 나는 '상호촉진'을 위해 아쿠아리움에서 열리는 소울Soul 주식회사의 트레이닝 세션에 처음으로 참가했다. 그날의 주제는 학습계약이었다. 나는 학습계약의 토대가 될 스킬 프로필에 이미 어느 정도 익숙해진 상태였고, 그 세션을 통해 학습계약에 대해 더 자세히 알고 싶었다. 주제에 대해서는 어느 정도 듣고 온 상태였다.

학습계약에는 팀프러너, 팀 기업, 코치가 서명을 하는데, 이들은 다음 항목들에 동의한다.

1. 학습자가 배우기 원하는 기술
2. 그 기술을 배우는 방법
3. 그 기술을 팀이 하는 일에 적용하는 방법
4. 학습 기간
5. 학습에 대한 평가 방법

학습계약에는 각자가 자신의 업무에 유용하다고 여겨지고 관심이 가는 교과마다 학습 목표를 다르게 정할 수 있는 대안과 자유가 허용되어 있다. 신중하게 계획된 학습계약은 학습의 장을 넓히고 풍성하게 할 수 있다. 트레이닝 세션에서 팀원은 모두 자신의 학습계약을 발표해야 한다. 오늘은 안나나 마우코넨이 학습계약을 발표하는 날이다.

"이전의 학습계약에 기초해서 세 가지 학습 목표를 설정했는데, 그걸 모두 달성했다고 말할 수 있어서 기쁩니다. 첫 번째 목표는 외국에 갈 기회가 있다면 어떤 것이든 국제 프로젝트에 참가하는 것이었어요. 헝가리에 있는 데브레첸 티미아카테미아를 방문하게 되었는데, 정말 놀랍고도 도움이 많이 되는 기회였어요. 거기에서 향신료를 수입하는 프로젝트를 시작했는데 아주 재미있었어요."

안나나가 기분 좋은 목소리로 말했다. 안나나는 몸의 중심을 다른 발로 옮기며 물 한 모금을 마신 뒤 발표를 이어갔다.

"두 번째 목표는 영어로 발표하는 두려움을 극복하는 것이었어요. 다른 나라 언어로 얘기하는 게 항상 두려웠거든요. 저는 티미아카테미아에서 영어로 발표하면서 그런 두려움을 극복했어요. 제 자신이 자랑스럽고 스스로 안도감을 느껴요. 또한 처음에 우리 팀에서만 시간을 보냈기 때문에 티미아카테미아의 다른 학생들을 더 많이 알고 싶었어요. 최근에 안티를 알게 되었는데요, 우리 팀원이 아닌 친구랍니다!"

"세 번째 목표는 고객 방문을 매끄럽게 해내는 방법을 배우는 것이었어요. 지금은 잘하고 있어요. 제 상황을 잘 설명할 수 있고 제대로 된 질문도 할 수 있죠. 고객 방문 생각만 해도 몸이 얼어붙고는 했는데, 지금 제 목표는 한 달에 적어도 두 번 이상 고객을 방문하는 거예요."

안니나는 노트북을 열고 파워포인트를 보여주며 발표를 시작했다.

"이 '성공 사업dream star' 모델과 함께 저의 새로운 학습계약을 보여 드릴게요. 엠미가 트레이닝 세션에서 상호촉진 활동을 할 때 사용한 모델이에요."

안니나의 첫 번째 사업 관련 목표는 가능한 한 다양한 영역의 마케팅 프로젝트를 수행하는 것이었다. 캐시 카우Cash Cow(수익창출원, 즉 확실히 돈벌이가 되는 상품이나 사업-옮긴이) 프로젝트로는 핫도그 판매대 사업이, 판매 프로젝트로는 제품 홍보 사업이 목표다. 그리고 개발 프로젝트는 헝가리에서 수입하는 향신료 사업을 시작하는 것이었다.

"저는 다음 주에 '마케터의 길' 프로그램을 시작하는데요, 거기서 배운 것을 제 프로젝트에 적용할 거예요. 그 트레이닝을 최대한 활용하려고 해요. 마케팅 책들이 어렵기는 하지만 올해는 책을 읽는 데 집중하고 싶어요. 그게 저의 성장 목표가 될 거예요. 아, 물론 수입 사업도 그렇고요.

저의 세 번째 도전은 우리 팀의 운영 그룹에서 의사소통 매니저가 되는 거예요. 많은 에너지를 쏟아야 하고 매니저 의사소통 포럼에도 참가해야겠죠.

여기까지가 저의 세 가지 목표, 그리고 제가 배워야 하는 마케팅, 수입, 관리 업무였어요."

안니나는 한숨을 쉬며 말했지만 만족스러운 표정이었다.

"그리고 제 자신이 신뢰할 만한 팀 동료가 되고 싶어요. 요새는 동료에게 업무를 위임하는 방법을 배우고 있어요. 저는 해야 할 일이 있는데 누구도 손을 대지 않으면 제가 나서서 하려는 습성이 있거든요. 생각의 폭을 넓히고 싶어서 개인 성장에 관한 책도 많이 읽으려고 해요. 지금까지 이야기한 모든 것을 성공적으로 이루려면 제 학습이 아주 효과적이어야 하는 건 확실해요."

와, 정말 대단한 학습계약서다! 안니나는 모든 걸 쏟아내고는 안락의자에 쓰러지듯 앉았다. 코치는 만족한 듯한 얼굴이었고 피드백을 주기 위해 잠시 생각에 잠겼다.

"고마워요, 안나나." 코치가 말했다. "이 발표는 학습계약서를 만들어야 하는 가장 중요한 이유를 보여줬어요. 학습계약서는 여러분의 발전을 위해 가장 중요한 기술과 전문성이 무엇인지를 여러분 스스로 확인하도록 도와주죠. 하지만 가장 중요한 것은 목표가 현실적이면서 확실하게 정의되어야 한다는 것, 그리고 그것을 달성하는 데 드는 시간은 비교적 짧아야 한다는 거예요. 장기적인 목표는 그다지 동기부여가 안 되고 성취를 확인하기도 어렵죠."

안나나가 기력을 차리고 말했다.

"무엇보다 제 학습을 제가 주도하고 싶어요. 피드백을 받을 수 있도록 초기의 학습 경험이 가시적으로 드러나 보이게 하고 싶고요. 학습에 관한 저의 욕구를 제가 지닌 학습 관련 강점들과 긴밀하게 연결할 필요도 있다고 생각해요. 또한 학습이 제가 하는 업무와 삶에서의 도전들과 연결되는 것도 중요하죠. 기존의 학교에서는 저의 학습 동기가 선생님과 부모님의 기대를 충족시키고 좋은 점수를 얻는 것에 있는 경우가 많았어요. 지금은 자발적인 선택, 책임, 창의성, 성취감 같은 것에서 학습 동기를 얻습니다."

팀원들은 안나나의 속 깊은 생각에 놀랐다. 우리 모두는 많은 교과목과 강좌에 질린 상태였기 때문에 새로운 시도를 할 때가 되었다는 것은 분명했다. 흥미를 느낄 만한 새로운 시작 말이다. 티미아카테미아에서 우리는 서로 경쟁하는 대신 팀과 코치들이 학습을 지원하고 피드백을 주며 결과를 평가한다. 나는 나 자신의 지식과 역량에 따라 업무를 수행할 수 있다. 목표는 너무 이루기 쉽거나 어렵지 않게 설정해야 한다. 더는 실패나 실수를 두려워하지 않아도 된다. 시간 관리를 배우고 있어서 나 자신의 속도대로 일할 수 있다. 또 독특하고 새로운 방식의 학습을 경험할 수 있는 기회가 있다. 목표에 도달하는 것 자체가 보상이 되기 때문에 학습은 삶 전체에 영향을 준다. 그렇다 해도 학습 목표들은 충분히 도전적이어야 한다. 그렇지 않으면 쉽게 지루해질 것이고 판에 박힌 일상이 나의 열정을 앗아갈 것이다.

코치는 트레이닝 세션을 계속하기 위해 다양한 대안을 생각하는 듯했다. 그러더니 마침내 결정을 내렸다.

"조금 쉬고 할까요? 아, 먼저 우리 펭귄은 안나나의 학습계약서를 보고 어떤 생각을 했는지 한번 들어볼까요? 마음에 들었어요?"

나는 생각의 조각들을 모으느라 잠시 뜸을 들인 다음 대답했다.

"안나나가 학습계약서를 정말 잘 작성했다고 생각해요. 다만 안나나가 읽으려고 하는 책들과 향신료 수입 사업에 대해 좀 더 듣고 싶어요. 마케터의 길 트레이닝도 흥미롭게 들렸고요. 한마디로, 필요에 따라 자유로이 학습 경로를 선택하고 설계할 수 있다는 게 굉장히 흥미로웠어요. 영감을 많이 받았습니다."

나는 안나나에게 하드 밈 카페에서 커피 한 잔을 샀다. 안나나에 대해 더 알고 싶고 헝가리에 대한 이야기를 더 듣고 싶어서.

학습계약

커닝햄 (1998)

나는 어디로 가는 중인가?

나는 지금 어디에 있는가?

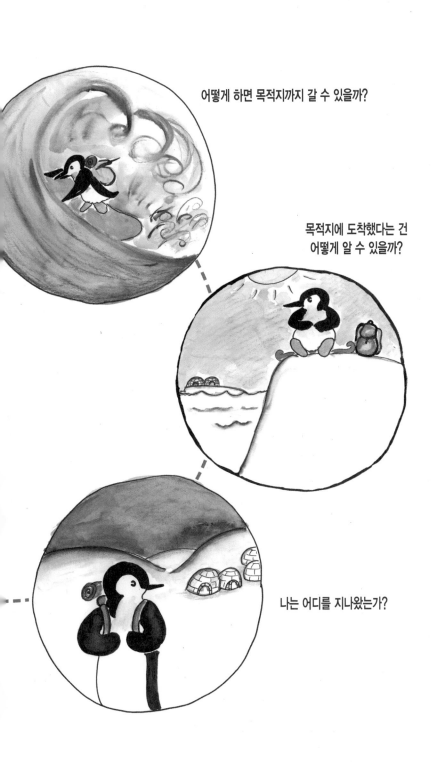

어떻게 하면 목적지까지 갈 수 있을까?

목적지에 도착했다는 건
어떻게 알 수 있을까?

나는 어디를 지나왔는가?

팀에서 하는 실제 활동

이 프로젝트들은 어디에서 비롯된 걸까?

나는 티미아카테미아가 표방하는 학습에 대한 견해가 아주 독특하다는 사실을 금세 알 수 있었다. 이곳에서는 '학습 구조learning architecture'라는 이야기를 한다. 트레이닝 세션과 대화는 그것의 일부일 뿐이다. 팀 기업을 위한 실질적인 일도 해야 한다. 첫해 가을 동안에는 할 일을 찾기가 특히 어렵다. 트레이닝 세션에는 그저 앉아있기만 하고, 팀 사무실에서 담소를 나누다가 점심을 먹는다. 트레이닝 세션이 끝나면 대부분은 학교에서 해야 할 일을 다 했다고 생각하고 집에 간다. 하지만 티미아카테미아는 실행을 통한 배움으로 유명하다. 팀원들은 의미 있고 교육적인 활동을 스스로 찾아야 하는데, 처음 몇 개월 동안은 그것이 쉽지가 않다. 시간이 조금 흐르고 나면 아무것도 하지 않음이 주는 좌절을 맛보게 되겠지만, 그걸 깨닫기 전에 이미 이러저러한 프로젝트에 끌려 들어가 있게 된다.

모험적인 일이야말로 최고의 배움이 된다. 일이 너무 어려우면 무력감을 느끼고 힘이 빠지게 되고, 반면 너무 쉬우면 실망감을 느끼게 되고 의욕이 생기지 않는다. 초반에는 활발하게 활동하고 탐색하면서 호기심을 갖고 질문을 많이 하는 것이 중요하다. 실험해보는 것, 그리고 자기 일이라고 느껴지지 않는 과제를 수행해보는 것도 필요하다.

울라 루카스 코치가 말했다.

"자기가 하는 모든 것이 흥미롭고 영감을 불러일으켜야 한다고 생각하는 사람이 많죠. 하지만 그렇지 않아요. 감사와 만족은 종종 일을 끝낸 후에 오죠. 짐 콜린스의 《좋은 기업을 넘어… 위대한 기업으로》(김영사, 2005)란 책에 적절한 설명이 있어요.

'당신은 영감을 주고 재정적으로 이익이 되고 세계에서 최고가 될 수 있는 일을 해야 한다. 하지만 당신이 프로젝트를 고르는 데 너무나 까다로우면 아무것도 할 것이 없음을 금세 깨닫게 될 것이다. 어떤 일도 시도하지 않는다면 무엇이 당신에게 영감을 불러일으키는지 어떻게 안단 말인가?'"

울라는 티미아카테미아의 가치들도 강조했다. 그중 하나가 지금 우리가 얘기하는 것에 딱 들어맞는다.

"우리는 지속적으로 실험하고 새로운 것을 창조해야 합니다. 이 둘은 긴밀히 연결되는데, 새로운 것을 창조하기 위해서는 수없는 실험이 필요하기 때문이죠. 이들 중 어떤 것은 좋은 결과로 이어지지만 어떤 것은 무참한 실패로 이어질 것입니다. 하지만 우리는 실패를 받아들입니다. 실패도 실수와 마찬가지로 학습 과정의 일부이기 때문이에요. 학습의 주요 부분은 실수를 통해 이루어져요. 그렇지만 같은 실수를 반복하지는 말아야 합니다."

나는 내가 할 수 있는 프로젝트를 어디에서 찾을 수 있는지 울라에게 물었다. 몇몇 사람들은 해야 할 일이 너무 많다고 불평한다. 그들의 달력은 언제나 일정으로 가득하다. 그들은 할 일이 충분하지만 나는 아무것도 없다. 울라가 대답했다.

"세상 어느 누구도 문 앞까지 일을 가져다주지는 않아요. 적극적이어야 하죠. 한 가지 비결은 고객을 방문하는 거예요. 물론 문지방 공포증을 이겨내고 고객에게 전화를 걸어 만날 약속을 잡아야 해요. 하지만 기억합시다. 고객을 혼자 방문할 필요는 없다는 걸요. 팀원이나 경험 많은 티미아카테미아 학습자와 함께 가도록 해요. 여러분을 도와주는 게 그들의 임무이기는 하지만, 걱정을 아무에게도 말하지 않으면 아무도 도울 수 없죠."

"하지만 고객에게 무엇을 팔 수 있을까요? 우리는 아무것도 가진 게 없어요."

내가 불평하는 투로 말했다. 울라는 나를 잠깐 보더니 레토넨 코치에게 가보라고 했다. 레토넨은 아이디어 식당에서 에시 코치와 커피를 마시고 있었다.

"아무것도 팔 게 없단 말이지!" 레토넨이 큰 소리로 말했다. "일단 아무 걱정 하지 말아요. 에시와 내가 여러분이 팔 수 있는 걸 있는 대로 생각해낼 테니. 레크리에이션 데이, 고객 파티, 고객 만족도 조사, 상점 청소, 재고 조사, 매장 정비, 선반 진열, 마케팅 계획, 블로그 서비스, 마케팅 관리 서비스 대행, 광고 디자인과 집행, 카페 운영, 자동차 렌트, 판매, 판촉 서비스, 라이브 뮤직, 클럽 행사, 비디오, 사진⋯ 여러분의 상상력이 한계일 뿐 기회를 잡기만 하면 된다고요"

기회를 잡아라! 어떻게 그 기회를 알아차릴 수 있을까? 새로운 일과 행사는 끊임없이 이어진다. 그 가운데 무엇을 잡아야 할지 어떻게 알 수 있을까?

"저는 프로젝트에 관심이 있어요, 여기에는 프로젝트들이 있잖아요? 물품들과 로켓 포스터 판매 같은 거요."

내가 감정을 추스르며 말했다.

"프로젝트라, 물론 좋죠. 그중에는 이익을 꽤 내는 것도 많으니까."

레토넨이 여느 때처럼 강의를 시작했다.

"하지만 미래를 염두에 둔다면 고객과 관계를 맺는 게 훨씬 중요해요. 고객들이야말로 정말로 중요하죠. 티미아카테미아를 마친 후에 앙트러프러너로 계속 일한다면 고객들이 파트너가 될 수도 있고 당신에게 일거리를 제공할 수도 있죠. 쉽지 않다는 것은 나도 압니다. 경험 많은 판매원도 고객을 방문할 때마다 마음을 다잡아야 하죠. 하지만 목적에 부합하는 고객을 찾아서 합리적 가격으로 부가가치를 제공하는 방법을 배우면 훌륭한 자산과 기술을 갖게 되는 거죠."

에시가 다음과 같이 덧붙였다.

"티미아카테미아 학습의 독특한 점이 바로 이거예요, 우리는 실제 고객과 함께 일하며 우리의 팀 기업은 실제 회사라는 겁니다. 연습 삼아 하는 게 아니에요."

나는 그들의 이야기에 감사를 표하면서 짧게 말했다.

"고객들을 직접 만나서 일을 시작하는 수밖에 없는 것 같네요."

"지금 단계에서 실패하더라도 만회할 시간은 있어요. 여기서 우리는 수영을 할 줄 아는지 확인하지 않고 먼저 사람들을 물에 던져놓고는 그들이 가라앉는지 아닌지 보곤 하죠. 하지만 티미아카테미아의 좋은 점은 물에 빠져도 대부분의 경우 발을 뻗기만 하면 바닥에 닿는다는 겁니다. 아무도 한 길이 넘는 깊은 곳으로 내던져지지 않아요."

에시가 말했다. 에시는 격려를 해주는 독특한 비결을 알고 있음에 틀림없어 보였다!

지식 창조와 혁신

빌레 케레넨이 잉여군수품 가게에서 구입한 스키는 언덕을 오를 때 뒤쪽으로 미끄러지지 않는다. 나무로 만든 그 스키는 가운데에 거친 부분이 있어서 미끄럼을 잡아준다. 예레가 타는 유리섬유 재질의 스키로는 빌레가 앞서가며 만든 넓은 트랙을 제대로 따라가기가 어렵다. 그는 폴에 힘을 잔뜩 주고 가끔씩 헤링본 스텝까지 써서 가파른 언덕을 오르느라 금세 호흡이 가빠졌다.

올겨울에는 평소보다 눈이 많이 내렸다. 2월에만 50센티미터가 넘는다. 세이트세미넨 국립공원에서는 스노모빌이나 4륜 오토바이 같은 전 지형 만능차^{ATV, All Terrain Vehicle}를 탈 수 없기 때문에 아무도 지나가지 않은 눈길에 스스로 길을 만들며 가야 한다. 그건 플로어볼

1부 리그 선수 출신으로 체력이 좋은 얀네 같은 사람에게도 쉽지 않은 일이었다. 얀네는 티아의 짐을 조금이라도 가볍게 해주려고 도시락과 보온병을 자기 배낭에 넣었다. 티아는 스키 타는 사람들 행렬의 끝에서 두 번째였다. 그녀는 잠깐씩 멈춰 서서 눈 덮인 나무와 눈 위에 찍힌 토끼 발자국, 얼어붙은 개울가에 달린 고드름을 보며 감탄했다. 한네마리는 행렬의 맨 끝에서 누가 뒤처지거나 길을 잃지는 않는지 확인하며 갔다.

빌레는 휴식할 만한 곳을 이리저리 생각했다. 기온은 영하 20도를 밑돌았고, 모두가 모닥불을 피우고 뜨거운 커피나 주스를 마실 수 있도록 해야 했다. 빌레가 '창의적 지성과 유연성^{CIF, Creative Intelligence and Flexibility}(이하 CIF)' 훈련 프로그램을 이끄는 것은 이번이 처음이다. 책임감이 어깨를 무겁게 누르고 있었다. 2킬로미터를 더 이동하고서야 일행은 국립공원의 지정 캠프파이어 장소 한 곳을 우연히 발견했다. 자작나무 장작은 잘 말라 있었고 작은 나무껍질 조각은 불이 제법 잘 붙었다. 곧 나무 꼬챙이에 꿴 소시지 꼬치 12개가 불꽃 위에서 구워지는 모습을 보며 다들 즐거워했다. 펭귄 티르코넨은 겉은 검게 그을렸지만 속은 아직 차가운 소시지를 누구보다 먼저 베어 물었다.

"분명히 고급스러운 식사는 아니군. 누구 머스터드 소스 있는 사람?" 하고 티르코넨이 물었다.

얀네가 가방을 뒤져서 튜브형 머스터드를 꺼내 건넸다. 티르코넨은 자기 소시지에 소스를 듬뿍 바르고는 한 입 베어 물더니 얼굴을 일그러뜨렸다. 튜브에는 '매우 강함'이라고 쓰여 있었다.

티아는 겨울의 자연에 매료되었다.

"이건 정말 놀라운 여행이야! 내가 이렇게 10킬로미터나 스키를 탈 수 있을 거라고는 생각도 못했거든. 정말 대단해!"

빌레는 10킬로미터를 더 가야 한다는 걸 알고 있었지만 티아의 도취감을 깨트리고 싶지 않아 잠자코 있었다. 크리스마스 무렵보다 낮이 훨씬 길어진 2월이었지만 이제 되돌아가야 할 시간이 되었다. 해가 지면서 숲은 마법 같은 파란 빛으로 변하고 있었다. 불을 끈 뒤 스키를 신고 돌아가는 여정을 시작했다. 일행은 속도를 높였고, 티르코넨의 스키는 언덕을 오를 때마다 미끄러졌다. 그러다가 갑자기 티르코넨이 앞으로 고꾸라지면서 눈 속에 얼굴을 파묻었다. 순간 욕설이 몇 마디 들렸지만 곧 조용해졌다. 티르코넨은 이내 일어나서 장갑 긴 손으로 얼굴을 닦아냈지만 표정은 굳어 있었다. 한네마리가 그의 옆으로 다가와 따뜻한 음료가 든 보온병을 건넸다.

"자, 한 모금 마셔봐. 진한 민트 핫초코는 아니지만 힘이 좀 날 거야."

티르코넨은 숲지기 산장에서 자신을 기다리고 있을 민트 리큐어를 생각하면서 마음을 다잡았다. 이제 8킬로미터만 더 가면 된다.

숲지기 산장은 여전히 따뜻했지만, 팀 동료들은 넓은 거실과 침실에 있는 높고 오래된 벽난로에 불을 지폈다. 얀네는 한때 많은 연기를 뿜어냈을 부엌 스토브를 켰다. 곧 온기가 부드럽게 퍼졌고, 그제야 모두 외투를 벗을 수 있었다. 전날은 오후에 도착하는 바람에 밤에 약간 추웠다. 그때 밖은 영하 20도, 실내는 영하 10도였다. 오늘 밤에는 산장 안의 기온이 영상까지 올라가서 모두 침낭에서 따뜻하게 잘 수 있다.

이들은 대체 왜 이러는 걸까? 티미아카테미아 건물이나 테이블과 따뜻한 사우나가 있는 한적한 시골집에서 코칭 프로그램을 진행하는 것으로 기획했다면 더 쉽지 않았을까? 그런데 웬걸, 이 그룹은 전기도 없고 휴대폰 신호도 잡히지 않는데다 중앙난방도 되지 않는 멀리 떨어진 이 외딴곳을 원했다. 이곳 생활은 아주 단순하다. 이것은 티미아카테미아의 혁신 훈련 프로그램이며 학습 환경은 경험을 위한 것이어야 한다. 새로운 아이디어와 관점은 익숙한 환경이 아니라 이질적인 환경에서 생겨난다. 조용한 분위기에서의 사색과 침묵 또한 중요하다.

빌레는 지식의 개념과 이 코칭 세션의 주제를 어떻게 설명해야할지 고민했다. 지금 우리는 쉽지 않은 영역, 즉 티미아카테미아 학습 모델의 DNA 속에 있다. 요한네스 파르타넨은 노나카와 다케우치의 지식 이론과 유사한 사분면 표를 로켓 모델 과정의 핵심에 그려 넣었다. 이 독창적인 통찰을 이해하는 사람은 많지 않다. 그래서 CIF 프로그램 참가자들에게 그 지식 이론을 알려주어야 한다. 노나카 이쿠지로 교수와 그의 친구 다케우치 히로타카는 1970년대에 일본 기업들의 혁신 프로세스를 연구하는 프로젝트를 시작했다. 그들의 결론은 혁신 프로세스가 단지 정보를 처리하는 것뿐 아니라 지식을 포착하고 창조, 활용하며 유지하는 것까지 포함하고 있다는 것이었다(Nonaka & Takeuchi, 1995).

"정보는 흐름이고 지식은 창고이죠."

빌레가 속삭였다. 한네마리는 그를 슬쩍 쳐다보았지만 질문은 하지 않았다. 그녀는 빌레가 때때로 혼잣말을 하는 것에 익숙했다. 빌레가 이번엔 조용한 목소리로 말했다.

"있잖아요, 한네마리. 저는 지식이 진실함, 선함, 아름다움과 연결된다는 점을 좋아해요. 이 장소에 너무나 잘 어울리는 말이지요. 어두운 겨울밤에 창문을 통해 별이 가득한 하늘과 반달, 깨끗하고 하얀 눈을 볼 수 있으니까요."

"노나카와 다케우치의 지식 이론을 생각하는 거죠? 그 이론은 이해할 수 없는 것투성이죠. 그걸 어떻게 설명하실 건가요?"

한네마리가 말했다.

빌레는 창밖을 바라보았다. 그의 안경에 김이 약간 서렸고 창밖의 밤 풍경도 역시 안개 낀 듯 흐릿했다.

"우리는 평화의 불꽃을 하늘 높이 들어요." 빌레가 수수께끼 같은 말을 했다. "그 불꽃이 보통사람과 위인, 가난한 사람과 부자, 누구에게나 빛나기를 바라죠. 이 황량한 벌판에 사는 모든 동물들에게, 그리고 우주에 생명체가 있다면 아주 먼 행성에 사는 그들에게도 똑같이 밝게 빛나기를 바라는 겁니다."

한네마리는 더 이상 빌레가 하는 생각의 흐름을 따라갈 수 없었지만 그처럼 아름다운 말을 들어본 적도 드물었다. 그날 밤 공기 중에는 예측 불가능한 그 무엇, 마법 같은 것이 흐르고 있었다. 한네마리가 말했다.

"빌레, 당신이 차에 묘약 같은 걸 넣은 건 아닐까라는 생각이 들기 시작했어요. 그리고 산에서 딴 버섯으로 만든 내 샌드위치가 방금 생각났어요!"

그녀는 배낭을 뒤져서 찌그러진 샌드위치를 꺼냈다. 지난여름에 딴 버섯으로 만든 건강한 샐러드를 넣은 것이었다. 그들은 샌드위치를 게 눈 감추듯 먹어치웠다.

"맛있네요." 빌레가 무덤덤하게 말하고는 이렇게 외쳤다. "다 먹었으면 시작합시다!"

한네마리는 자신과 빌레가 이 코칭 프로세스의 높은 단계에서 중간 단계로 내려와야 한다는 생각이 들었다. 그렇게 하면 꿈과 치열한 현실에 맞닿은 일꾼들 사이의 간극을 줄일 수 있을 터였다. 두 사람은 이 그룹이 구체적인 현실에 대한 감각을 잃지 않기를 바랐다. 그들은 긴 스키 여행으로 엄청 피로해진 탓에 반쯤 잠든 채로 이층 침대에 누워 있다. 하늘 높이 평화의 불꽃을 들어 올린다는 것이 현실에서는 무엇을 뜻할까? 비전은 밝다. 그 비전은 어둑한 산장을 비추고 있지만 충분히 밝지는 않다.

산장 안에는 지식을 창조하고 꿈을 이룰 잠재력이 가득하다는 것을 두 코치는 안다. CIF 프로그램에 참여하고 있는 그룹은 서로 다른 팀을 대표하는 구성원들로 이루어졌다. 어려운 일을 많이 겪으며 단단히 뭉치게 된 그룹이다. 창의성에 대해 학습하고 혁신 프로세스를 선도하는 일에 대한 이해를 높이는 것이 그룹이 공유하는 목표다.

모두들 그날의 공식적인 프로그램이 끝났으니 이제 쉬면서 각자 원하는 것을 할 수 있다고 생각하고 있었다. 이 늦은 저녁에 그룹에 새로운 과제를 주면 불안정과 창조적 혼돈을 일으킬 것이 분명했다. 그룹 구성원들의 풍부한 지식과 노하우, 넘치는 창의성, 진정한 다양성은 갈등의 원인이 될 수 있다. 이 공간도 그 나름의 도전을 불러일으킨다. 이곳에는 인터넷이 안 되고, 도서관도 없으며, 반경 10킬로미터 이내에는 아무도 없었다. 우리는 우리 머릿속 지식만 가지고 무언가를 해야 했다.

한네마리가 장작 스토브에 큰 커피포트를 올려놓았다. 졸음을 물리친 모험가들이 커피 향을 맡고는 물었다.

"우리 모두 커피를 마실 수 있을까요?"

"모두가 마실 커피와 큰 도넛이 있지요!"

무덤에서 일어난 듯한 12명의 모험가들이 커다란 테이블에 둘러앉아 '건강한' 저녁 간식을 즐겼다. 빌레는 조금은 조심스럽게 자기의 꿈을 설명하기 시작했다. 우리가 사랑과 평화의 메시지를 전하기 위해 하늘로 불꽃을 들어 올린다면 얼마나 놀라운 일일까, 그 불꽃은 얼마나 반짝일 것이며 사람들은 얼마나 감탄하며 그 불꽃을 응시할까, 그리고 많은 사람들이 보았지만 어디에서 왔는지는 아무도 모르는 그 이상한 불꽃에 대한 이야기가 다음날 신문에 실린다면 어떨까, 하는 이야기였다.

펭귄 티르코넨은 곧바로 정답을 알아챘다.

"폭죽을 구해서 한꺼번에 불을 붙여봐요. 아마 정말 엄청난 폭발음과 빛이 날 거예요."

"그건 내가 말하려던 것하고는 좀 달라요." 빌레가 차근차근 말을 이어갔다. "여기 거실에 홈베이스를 열자는 거예요. 우리 감정과 경험, 정신모형을 공유하는 공간 말이에요. 그러면 우리 안에 있는 장애물이 무너질 것이고 서로를 더 잘 이해하게 될 겁니다. 여기에서 우리는 암묵적 지식을 나누고 우리가 성공하고 실패하며 얻은 경험을 공유할 수 있어요. 큰 벽난로가 있는 방은 모든 걸 구체적으로 만들기에 좋은 장소죠. 우리의 생각을 구체적인 개념으로 만들면서 암묵적 지식을 확실하게 다듬을 수 있는 곳이에요. 그런 장소를 굴뚝이라고 합시다. 부엌이 최초의 공방이 되고, 거기서 우리 구상을 합쳐서 하늘에 불을 밝힐 모델 하나를 만드는 거예요. 그리고 마지막으로 밖에서 우리의 구상이 어떻게 작동하는지 시험해볼 수 있어요."

그룹은 당장 일을 시작했다. 먼저 홈베이스에 앉아서 그날 하루

홈베이스   굴뚝

시험 장소   최초의 공방

있었던 일과 그들이 함께 경험한 것을 이야기했고, 핀란드의 자연과 겨울, 국립공원 한가운데에 있는 이 독특한 공간에 찬사를 보냈다. 그러다가 결국 그날 밤에 할 일과 그것에 대해 모두가 무엇을 느끼는지 생각해보게 되었다. 모두에게 동기부여가 많이 된 듯하다. 대부분의 팀원들은 지적 훈련과 구체적인 작업에 신이 났다. 그런 작업은 그룹의 진짜 노하우와 창의력을 시험하게 될 것이다. 늦은 시각이라는 것은 문제가 되지 않았다. 이 평화의 불꽃은 대낮의 햇빛 속에서는 보이지도 않을 것이다. 빌레는 우리가 사고방식을 공유하고 함께 일하며 문제를 해결할 능력을 갖췄다고 확신했다. 그러니 이 문제도 우리가 해결 못할 이유가 있을까?

"홈베이스가 아이디어를 생각해내야 하는 곳인지 잘 모르겠네요." 빌레가 말했다. "그렇지만 시작이 좋아 보이니까 메모를 한번 돌려보죠. 메모를 받은 사람은 해결을 위한 아이디어를 적어주세요. 아이디어를 적은 뒤에는 옆에 앉은 사람에게 전달하고, 그걸 받은 사람은 다시 아이디어를 더 발전시키는 거예요. 한 바퀴를 돌면 아

이디어 단계가 끝나요. 이러한 방법을 '그룹 전달법'이라고 하죠. 자, 이제 메모를 돌려볼까요?"

모두가 종이를 한 장씩 가지고 쓰거나 그리기 시작했다. 메모가 한 바퀴 도는 데 30분 정도 걸렸고, 한네마리는 기본 아이디어들과 그 개선책을 큰 소리로 읽었다. 아이디어들은 이랬다. 낡은 헛간을 태우면 어떨까? 그러면 멀리서도 그 불빛이 보일 것이다. 아니면 큰 연을 몇 개 만들어서 거기에 기름 램프를 달까? 아마 헤드램프는 달 수 있을 것이다. 펭귄 티르코넨을 200미터 높이까지 들어 올릴 수 있을 만큼 큰 연을 만들 수도 있겠다. 거기에서 그가 손전등을 흔들 수도 있을 것이다. 고대 중국 사람들은 그렇게 큰 연을 만들어서 사람을 높이 매달아 적진의 방어 상태를 염탐했다.

얀네는 흥미로운 아이디어를 떠올렸다. 어떤 방법으로든 자동차 앞쪽을 조금 들어 올려서 전조등이 하늘 높이 비추도록 하는 것이다. 아마 지평선 너머 꽤 멀리까지 보일 것이다. 예레는 이 자동차 아이디어를 더 발전시켜서, 차의 배기구에 큰 쓰레기봉투를 연결하면 봉투가 하늘로 올라갈 것이고, 그러면 전조등 불빛이 봉투에 반사되어 마치 날아다니는 유령처럼 보일 것이라고 제안했다. 그러나 자동차 배기가스가 공기보다 가벼운지는 아무도 알지 못했다. 배기가스가 뜨겁다는 건 분명하니까 쓰레기봉투는 아마도 열기구와 같은 원리로 작동할 것이다. 올리마티는 차를 들어 올릴 필요가 없다고 덧붙였다. 현관과 사우나 탈의실에 있는 거울을 떼어 전조등 앞에 세워 빛을 반사시키면 충분하다는 얘기였다.

티르코넨은 자기 아이디어를 그림으로 그렸다. 약 1.5미터의 알루미늄 파이프의 위쪽 끝을 용접해서 막고, 아래쪽 끝을 휘발유에 적신 면 헝겊으로 채운 다음, 그 끝을 가운데에 작은 구멍이 있는 깔때기로 봉인한다. 그리고 그 파이프를 바위에 기대어 세운 다음 도화선을 사용해서 면 헝겊에 불을 붙이는 것이다. 막힌 공간에서 면 헝겊이 타면 가스가 생기고, 그 가스가 파이프를 통과해 뿜어져 나올 것이다. 그 폭발력이 로켓을 날아오르게 한다. 연소되는 휘발유는 파이프를 달궈 불꽃이 하늘을 날아다니는 모양을 만들어낼 것이다.

그밖에도 여러 가지 아이디어가 있었는데 빌레는 모두가 메모지를 다시 읽고 가장 좋다고 생각하는 한 가지 아이디어에 플러스 표시를 하자고 했다. 모두가 투표를 마쳤지만 빌레는 그 결과를 발표하지 않았다.

"아직은 많은 아이디어를 잘라내어 해결책의 범위를 제한하는 건 피하는 게 좋아요." 그가 말했다. "그렇지만 이 프로젝트의 굴뚝 단계로는 나아가야 해요. 여기 홈베이스에 머물면서 이 사랑스러운 대화를 밤새 계속할 수는 없어요. 그러니 여러분, 굴뚝 영역으로 들어가 봅시다."

빌레와 한네마리는 플립 차트 종이를 바닥에 펼쳤고 그룹원들은 그 주위에 둘러앉았다. 홈베이스에서 우리는 암묵적 지식과 감정, 경험을 공유했다. 이제 우리의 생각과 아이디어를 한층 구체적인 형태로 바꿀 시간이다.

빌레가 설명했다.

"꿈을 이루기 위해 자동차를 활용하자는 안네의 아이디어를 더 발전시켜보기로 했어요. 날아다니는 쓰레기봉투도 흥미롭고 연도 신나지만, 그 아이디어들은 문제가 있어요. 바람이 없다는 겁니다. 티르코넨의 로켓은 너무나 신나는 아이디어인데요, 조금 더 안전한 방향으로 발전시켜야 합니다. 어때요, 그게 우리한테 가능할까요?"

몇몇 멤버는 그 아이디어들을 실제로 실현해보고 싶어 했지만 한네마리가 이렇게 말했다.

"서두르지 마세요! 연구에 따르면, 이 시점에서는 마음을 가라앉힌 다음 대화를 나누고 아이디어를 함께 구체화하는 것이 가장 효과적이라고 해요. 여러분의 아이디어 모델을 적고 그려보세요. 그 모델에 대해 이야기하고 그걸 '작은 조각들로 잘라서' 종이에 적어보세요."

전조등(빛 방사기)
거울
금속 파이프
면 헝겊
휘발유
쓰레기봉투
기름 램프
연
배기가스

이 작업에서 우리는 아이디어들을 완전히 다르게 조합할 수 있었다. 예를 들어 '빛 방사기'가 그랬다. 뭔가 방사기 같은 걸 사용하면 불꽃을 쏘아 올릴 수 있지 않을까? 낙하산을 단 불화살을 쏠 수 있는 거대한 타이어 튜브 새총은 어떨까? 올리마티는 날아오르는 풍선은 소형 비행선처럼 수소나 헬륨으로 차 있다고 말했다. 그런 가스는 공기보다 가벼워서 풍선이 떠오를 수 있다는 것이다.

"여기에 헬륨 풍선은 없지만, 쓰레기봉투를 자동차 배기가스로 채우는 아이디어를 생각해봅시다." 얀네가 벽난로 문을 열면서 말했다. "뜨거운 공기는 언제나 상승해요. 배기가스에는 공기보다 가벼운 가스가 들어 있지 않지만 열기는 있잖아요. 그나저나 여러분, 소시지를 구울 시간 아닌가요?"

"워워, 불이 뜨거워요!" 얀네가 소리쳤다. "자, 여러분! 지붕으로 올라가서 쓰레기봉투를 굴뚝에 씌워보면 어떨까요? 봉투가 날아오를까요?"

달빛이 환했다. 지붕에 올라가자 숲 너머가 보였다. 언덕들이 이어지면서 들판에 그림자를 드리우고 있었다. 저 멀리 마을의 불빛이 보였다. 아까보다 더 추워져서 빌레는 털모자를 끌어내려 귀를 덮었다. 바람은 전혀 없었다. 북쪽 하늘에 북두칠성이, 그리고 그 위에 북극성이 선명하게 보였다. 빌레는 장작 창고 뒤쪽에서 뭔가 움직이는 것을 발견하고는 동작을 멈췄다. 크고 가지처럼 갈라진 뿔이 구석에 나타나더니 곧 큰 머리가 보였다.

"엘크구나. 소총이 있었다면 내일 점심에 엘크 안심을 먹을 수 있었을 텐데."

빌레가 혼잣말로 중얼거렸다.

"뭐라고 했어요?" 하고 티아가 물었다.

"아니, 그냥 혼잣말이었어요." 하고 빌레가 대답했다.

티아는 높이 올라가는 게 무서웠지만 올라가서 실험해보고 싶었다. 티르코넨이 마른 자작나무 장작으로 벽난로를 채우자 불꽃이 환하게 타올랐다. 연기는 조금밖에 나오지 않았지만 굴뚝을 빠져나오는 열기는 충분했다. 티아는 빌레의 도움을 받아 가까스로 쓰레기봉투를 굴뚝에 가져갈 수 있었다. 열이 봉투를 태워버릴 수도 있었지만, 다행히도 불은 붙지 않았다. 몇 분 만에 봉투는 연소 가스로 가득 차서 팽팽해졌고 잠시 요동을 치더니 위로 올라가기 시작했다. 봉투는 약 10미터 정도 올라가다가 쪼그라들더니 땅에서 실험을 지켜보던 사람들의 발치로 곤두박질쳤다.

"만세!" 모두의 외침이 허허벌판에 울려 퍼졌다. "정말 효과가 있었어!"

홈베이스에서 다들 차와 커피를 더 마셨다. 한네마리가 스토브에 팬케이크를 굽고 음식꾸러미에서 딸기잼 한 병을 찾아냈다. 힘껏 타오르는 기름 램프와 초들이 모두의 불붙은 가슴을 완벽하게 상징했다. 이 실험은 열기구 제작이 관건이 될 수 있음이 증명된 셈이다. 그룹 구성원들은 이 방향의 연구만 계속해보기로 결정했다. 홈베이스에서 코치들은 모두의 마음 상태를 확인했다. 우리는 여전히 이 실험을 지속할 힘이 있는가? 오늘밤은 일단 그만하고 싶은가? 모두가 계속하기를 원했고 일부는 'CIF 열기구' 모델을 만들기 위해 벽난로가 있는 방으로 향했다.

펭귄 티르코넨이 불을 계속 지피는 바람에 우리는 정말로 '뜨거운' 분위기에서 우리 구상을 실현할 계획을 세웠다. 이 단계에서 우리는 열기구에 대해 각자의 암묵적 지식과 체험적 지식을 내놓아야 했다. 그리고 관련된 기사, 사진, 이야기, 책 등 모든 것을 뒤지고 기억해내야 했다. 그래야 우리의 열기구를 만들 수 있기 때문이다.

우리는 시제품을 만드는 데 필요한 것들을 모두 우리의 시제품 공방인 부엌에 모았다. 다행히도 이 집은 오래된 농가여서 신문지, 은박지, 철사, 솜뭉치, 풀, 테이프, 케이블 타이, 실 등 우리에게 필요한 모든 것을 찾을 수 있었다. 얀네가 신문지로 1.5미터 높이의 열기구 모형을 만드는 데는 오랜 시간이 걸리지 않았다. 작다는 점만 빼면 실제 열기구처럼 보였다.

"제법 근사한 모형인걸. 하지만 어떻게 실물을 만들 것인지 신중하게 생각해봐야 해요. 아직 구조도는 완성하지 않았어요. 이게 어떤 모습이어야 한다는 건 알았지만 어떻게 제작할지는 모르잖아요. 어떻게 종이를 가지고 가능한 한 가볍고 균형 있는 구球를 만들 수 있을까요? 우리 대부분은 털모자를 뜰 줄은 알지만 종이로 열기구를 만드는 건 전혀 다른 일이에요."

티아가 말했다.

아누는 프로젝트가 진행되는 내내 구경꾼처럼 있었다. 사실 이 열기구 건은 아누에게는 중요한 관심사가 아니었다. 하지만 드디어 그녀의 재주가 필요한 때가 왔다.

"무슨 소리예요. 그건 큰 문제가 아니에요. 종 모양의 치마를 만드는 것과 같으니까." 하고 아누가 말했다. 그녀는 재봉사 자격증이 있고, 실제로 본을 그리고 자르는 일에 능숙했다. 얼마 지나지 않아 모두가 알맞은 모양의 종이 띠를 만들어 이음새가 깔끔하고 얇은 열기구 모양으로 붙였다. 그렇게 만들어진 타원형 풍선에 열이 들어가는 종 모양의 입구를 붙였다. 아누의 재단 능력을 제대로 보여주는 결과물이었다.

"열이 들어가는 입구가 약간 좁긴 하지만 의도한 대로는 되었어요."

아누가 자신의 창작물을 자랑스레 평했다.

"풍선 아래에 불을 붙이면 틀림없이 전체가 타버릴 겁니다." 티르코넨이 불안하다기보다 흥분된 어조로 말했다. "하지만 그 문제를 해결할 수 있는 방법이 생각났어요. 은박지로 입구를 덮는 거예요."

우리는 은박지로 화실火室을 만들어 철사로 풍선에 연결했다. 기획팀은 벽난로 옆에서 연료 문제를 해결했다. 우리는 티르코넨의 로켓 아이디어에서 휘발유를 적신 솜뭉치 구상을 빌리려 했지만, 안전을 담당하는 빌레가 휘발유 대신 등유를 쓰자는 의견을 냈다. 등유가 휘발유보다 안정적으로 오래 타기 때문이다.

팀 전원이 따뜻한 옷을 입고 풍선 주위로 모였다. 기온은 떨어졌지만 그들의 영혼은 불타올랐다. 얀네는 풍선을 위로 들어 올렸고, 빌레는 불을 붙이는 명예로운 일을 맡았다. 불이 붙자 불길이 높이 솟아오르며 거의 풍선 전체를 그을릴 지경이었다. 풍선의 겉면이 뜨거워지면서 스스로 바로 서기 시작했다. 얀네가 풍선에서 손을 떼자 흥분이 고조되었다. 이게 과연 날 수 있을까?

몇 분 동안 들뜬 마음으로 기다린 티르코넨이 풍선을 잡고 부드럽게 위로 밀었다. 우리는 공중에 잠시 떠 있는 풍선을 경이로운 눈길로 바라보았다. 그러자 풍선은 우아한 자태로 올라가기 시작했다. 누구도 입을 열지 않은 채 풍선이 떨어지지 않길 기원했다. 풍선은 떨어지지 않았다. 풍선의 비행은 안전하게 계속되었고 금세 10미터, 20미터까지 올라갔다. 그 다음에는 밤의 풍경에 마법 같은 빛을 뿌리며 하늘 높이 올라가는 경쾌한 불꽃만 보였다.

"천국의 화염, 평화의 불이여, 이 땅과 온 세상을 밝게 비추어라." 빌레가 경건한 태도로 낭송을 했다. 기쁨의 눈물이 그의 뺨을 타고 내려오다 그대로 얼어붙었다. "너의 불로 사람들과 숲 속의 동물들과 외계의 모든 이들을 비추어다오."

풍선은 아득히 멀어져 캄캄한 하늘에서 작은 별처럼 보였다. 스물 네 개의 눈은 더 이상 보이지 않을 때까지 그 작은 불꽃을 따라갔다.

"만세!" 하는 외침이 다시 한 번 밤하늘에 메아리쳤다. 팀 동료들은 서로 포옹을 나눴고 얀네와 아누는 뒤엉켜 흰 눈 위에서 몇 바퀴를 굴렀다

"내 기억이 정확하다면 어느 펭귄의 배낭에 지금 이 순간에 딱 맞는 음료가 좀 있어."

한네마리가 들뜬 목소리로 말했다.

밤의 사우나가 뿜는 열기 속에서 우리는 점차 정상 체온을 회복했다.

물 한 바가지를 뜨거운 돌 위에 붓자 수증기가 맹렬한 기세로 천장을 향해 올랐다. 그 바람에 사우나를 즐기던 모든 이가 몸을 숙여야 했다.

"빌레, 이 문제에 대한 정확한 해결책을 이미 알고 있었죠?"

누군가 사우나의 어두운 구석에서 물었다.

빌레가 얼굴을 닦으며 말했다.

"아마 그럴지도요. 그런데 우리 과제는 다양한 해결책을 찾는 거였어요. 나의 해결책이라고 무조건 옳은 건 아니죠. 오늘 과제는 우리가 어떻게 혁신과 지식 창조의 과정을 수행할 수 있는지 시도해보는 거였어요. 그리고 오늘 밤 우리가 그걸 배웠다고 굳게 믿습니다. 돌아가면 모두 바로 도서관에 가서 혁신, 아이디어 생성, 다른 종류의 지식, 이론을 실제에 적용하는 방법 등에 관한 책을 빌려보길

바랍니다. 여러분 모두가 더 배우려는 욕구를 채웠기를 바라는데요, 그랬다면 책에 있는 내용을 이전보다 더 잘 이해하게 될 거예요."

　모두가 사우나에서 숙소로 돌아왔을 때 엘크는 여전히 장작 헛간 한쪽에서 하늘을 바라보며 서 있었다. 멀리서 늑대의 울음소리가 들려왔다.

"우리는 평화의 불꽃을 하늘 높이 들어요. 그 불꽃이 보통사람과 위인, 가난한 사람과 부자, 누구에게나 빛나기를 바라죠. 이 황량한 벌판에 사는 모든 동물들에게, 그리고 우주에 생명체가 있다면 아주 먼 행성에 사는 그들에게도 똑같이 밝게 빛나기를 바라는 겁니다."

노나카와 다케우치의 지식 이론

대화

담소

구체화

실제 현장

이론

암묵적 지식

명시적 지식

활동을 통한 학습

4장

팀 기업

"팀을 이끄는 것이 그렇게 복잡할 리가 없다.
팀은 팀이다. 팀은 리더와 운영 그룹이 필요하다.
거기에 위계질서나 지배 집단이란 없다.
모두 한 배에 타고 있는 것이다. 운영 그룹은 팀 기업에서
자신들이 아니면 감당할 수 없는 특정 영역을 책임진다.
팀 리더의 역할은 팀원들을 돕고, 그들의 이익을 위해 일하고,
필요하다면 그들의 고민과 걱정을 경청하는 것이다."

⑴

팀 기업의 비즈니스 아이디어
: 비즈니스 캔버스 짜기

팀 기업은 어떻게 탄생할까? 어떤 종류의 사업 모델을 만들 수 있을까? 사업 아이디어를 분명하고 이해할 수 있는 형태로 구체화하는 방법은 무엇일까?

"우리는 알렉산더 오스터왈더의 비즈니스 모델 캔버스(2009)를 사용해왔어요. 이 도구로 우리는 마니판티를 위해 제대로 작동하는 사업 모델을 만들 수 있었는데, 바로 우리가 고객을 위해 부가가치를 만드는 방법을 설명하는 겁니다. 고객, 가치 제안, 인프라, 재무 등을 시각적으로 보여주는 도구예요."

안시가 말했다.

"'비즈니스 캔버스'가 무슨 뜻이죠?"

나는 청소도구실을 뒤지고 있는 안시에게 물었다. 안시는 격자가 그려진 큰 판지 한 장을 꺼냈다.

"이 모델에 잘 어울리는 이름이죠." 하고 그가 대답했다. "진짜 비즈니스 캔버스예요. 라세 레이노넨이 독일에서 열린 한 세미나에서 알게 된 건데 우연히 우리도 알게 되었죠. 트레이닝 세션 중에 팀 업무에 대해 이야기 나누는 자리에서 우리는 비즈니스 아이디어를 구체화하길 원했어요. 하지만 활용할 수 있는 적절한 모델이 없었고 레토넨 코치가 제안한 대안들은 이미 시대에 뒤떨어진 것이었어요. 그때 걱정이 된 라세가 괜찮은 해결책이 있을 수도 있다고 말하는 걸 듣고 우리가 오스터왈더를 검색해서 이 모델을 찾아냈죠. 그때 우리 그룹은 아주 흥분했어요."

흥미로운 내용이었다. 안시는 청소도구실 문에 판지를 기대어 놓고 프레젠테이션을 시작했다.

"모든 비즈니스는 설립을 위한 어떤 토대가 필요해요. 우리의 가치 제안을 유지할 수 있게 해주는 핵심 기능들이 있어야 합니다. 우리 팀의 가치 제안은 '우리는 대담하게 팀프러너를 만들어낸다'는 겁니다. 우리는 졸업생들이 고용안정센터에 들락거리거나 철물점 직원으로 일해야 하는 상황을 원하지 않아요. 혼자서, 아니면 동료들과 함께 회사를 만들고 운영하는 법을 우리 스스로 배우길 원해요. 리더십 능력, 쉽지 않은 비즈니스 환경이나 임무에서 책임을 지는 능력을 키우길 원하는 겁니다."

가치 제안

　이전에도 들어본 적이 있는 가치 제안은 새롭고 혁신적인 팀프러너십 형성을 위한 티미아카테미아의 기본 과제다. 비즈니스는 혼자서도 할 수 있지만 친구와 함께하면 더욱 재미있다. 나는 안시에게 물었다.

　"안시, 내 기억이 정확하다면 지금까지 꽤나 다양한 것들을 해왔죠? 재미있는 전통놀이와 시합을 제공하는 홀리나 레크리에이션 서비스를 갖고 있지 않았나요? 또 두 해 여름 동안 야르코와 함께 키비살멘 키에바리 카페를 운영했던 걸 기억해요. 거기에서 핀란드에서 가장 작은 마을가게를 개발하고, ABC 주유소 체인의 시장지배에 저항하는 운동을 벌였죠. CBA 신드롬을 일으켰잖아요."

　안시는 나를 보고 웃으며 말했다.

　"정말 잘 알고 있네요. 홀리나는 상당히 성공적이었고, 카페도 그랬어요. 사업을 함께 운영하면 즐거워요. 고객들도 그 즐거움을 느낄 수 있고요. 행복한 사람들은 다른 사람들을 더 가까이 끌어당기고 사업 결과도 좋아요. 키비살멘 키에바리 카페의 두 번째 여름은 첫 여름보다 훨씬 더 좋았어요. 비가 하루 종일 오긴 했지만요. 창조와 즐거움의 문화를 만들 수 있었어요. '우리는 대담하게 팀프러너를 만든다'는 가치 제안은 마니판티의 다른 동료들에게도 통했어요. 야르나와 페트리는 라우탈람미에서 에메피테엔 올로후오네

(올로후오네 클럽)를 시작했고, 유카 하르티카이넨은 무토스리마를 만들어서 핀란드 전역에서 상점 리모델링을 하고 있죠. 메르쿠는 메르쿤 옴펠루스를 운영하고 있고, 라우라는 아동복을 만들고 있어요. 이 모두가 그들에게는 성장의 초기에 심은 작은 묘목과 같아요. 우리 누구도 혼자 창업하지는 않았을 거라고 확신합니다."

"이 팀프러너들은 다른 사람들에게 영감을 주는 모범 사례이기도 합니다." 안시가 말을 이었다. "팀의 다른 구성원들은 그들을 돕고 지원하고 격려했어요. 나중에는 그런 충분한 협력과 상호작용 덕분에 팀 전체가 그 비즈니스 아이디어를 자기들 것이라고 느끼게 되었어요. 그게 앙트러프러너십을 지향하는 자극이 되었고요."

안시가 판지를 가지고 위로 올라가자고 하면서 말했다.

"라우라가 우리에게 주려고 뭔가를 구워서 맛있는 샘플을 가지고 왔을 거예요. 가는 길에 아이디어 식당에서 허브티를 가져가죠."

마니판티의 사무실은 마데의 사무실 바로 옆이었다. 마데 멤버들이 거기에서 북포인트를 주제로 논쟁을 벌이고 있었다. 톰미는 드 멜로의 책《깨어나십시오!*Awareness*》(분도출판사, 2005)의 핀란드어 번역본을 읽고 북포인트를 3점 얻을 수 있다고 생각했는데, 엠푸는 반대했다.

"개인 성장에 관한 책으로 그렇게 많은 점수를 얻을 수는 없어. 파인*Pine*과 길모어*Gilmore*의 《전문가 경제*Expert Economy*》로 3점을 얻은 걸 생각해봐. 이 책은 수준이 완전히 다르잖아. 둘 다 영어로 쓰여 있지만 말이야." 하고 엠푸가 말했다.

"그 책 제목은 《체험의 경제학*Experience Economy*》(21세기북스, 2010)이야. 《전문가 경제》가 아니라." 톰미가 뚱한 얼굴로 말했다. "최소한 드 멜로의 책은 내게 깊은 인상을 남겼어. 내 삶 전체에 영향을 줄 거라고. 그걸 읽고 나는 깨달았어. 내가 빛의 전사란 걸 말이지."

엠푸는 눈알을 굴리고 고개를 저으며 아무 말도 하지 않았다. 결국 둘은 소파에 앉았다. 엠푸가 먼저 정적을 깼다.

"뭔 상관이람. 어쨌든 둘 다 괴짜들을 위한 책이라니까! 다음 책으로 《나를 찾아가는 여행》을 읽자."

두 사람은 마음을 열고 한바탕 웃음을 터뜨렸고, 헝가리 데브레첸에 있는 티미아카테미아를 방문했던 추억을 나누기 시작했다. 둘은 그 여행을 위해서 1,000유로를 주고 중고 '폰티악 파이어버드' 자동차를 샀다. 그리고 여행 내내 차가 언제 어디에서 망가질까 걱정했다. 그게 라트비아일지 폴란드일지 누가 알겠는가? 하지만 목적지까지 무사히 도착했고, 덕분에 헝가리에서는 팀프러너 동료들을 사귀며 멋진 시간을 보냈다.

"다음 여행에서 우리는 분명히 수도사가 타던 피아트로 헝가리에 갈 거야." 톰미가 상상에 빠져 말했다. 약간 낡아 보이면서도 호감이 가는 피아트 푼토가 티미아카테미아 밖에서 기다리고 있었다. 마데 사무실은 다시 평화로워졌고, 우리는 안시와 함께 마니판티의 비즈니스 모델에 관한 토론을 계속할 수 있었다.

핵심 자원

"보시다시피 우리는 우리의 가치 제안을 꽤 잘 유지해왔어요." 안시가 말했다. "물론 그러려면 특정한 핵심 자원이 필요합니다. 그 가운데 가장 중요한 건 티미아카테미아의 시설이에요. 지식이 제대로 순환되려면 상호작용을 위한 환경이 좋아야 합니다. 교육 공간, 하드 밈 카페, 팀의 취향 공간, 중앙 홀, 다양한 테이블 구성 등이 그런 것들이죠. 팀마다 PC 여러 대와 꽤 많은 가구가 있어요. 또한 코치라는 자원도 필요하죠. 그래서 모든 팀이 졸업할 때까지 3년 반 동안 코치와 함께 지내는 겁니다. 초기 단계에서는 비즈니스를 시작하는 데 도움을 주는 초청 팀 리더와 함께해요. 음악을 하고 싶어 하는 누군가를 위한 피아노도 있고, 70년대에 만들어진 레토넨 코치의 오르간도 있어요."

"페트루스와 저는 일요일 모르톤에서 어쿠스틱 음악 공연을 해요." 안시는 흥분해서 꿈을 꾸는 듯한 표정으로 설명을 이어갔다. "팀 학습에는 아주 독창적인 재료들이 필요해요. 팀 기업에서 수익을 낸다 해도 그것을 유일한 수입원으로 삼기에는 충분치 않죠. 모든 티미아카테미아 학습자들은 국가장학금을 받을 수 있어요. 핀란드 사회보험원the Social Insurance Institution of Finland은 우리의 소중한 친구예요. 프로젝트 수입만으로는 살아갈 수 없어요."

"우리의 또 다른 주요 파트너는 JAMK 응용과학대학이에요. 이곳이 없었다면 티미아카테미아는 존재하지 않을 거예요. 이 대학은 우리에게 시설과 연수를 제공하고, 교육과정을 개설하고 공식 자격증을 주죠. 여기서 BBA(경영학 학사 학위)를 취득할 수 있다는 건 좋은 일이에요. 학위는 팀 기업을 위한 대출, 창업 펀딩, 구직, 훗날의 공부를 위한 지원 프로그램 같은 것들을 위해서 필수이죠. 물론 친척들에게 보여주기에도 좋은 것이고요. 졸업식에서는 샴페인을 마실 수도 있어요! 또 대학에는 우리의 독서 프로그램에 필요한 좋은 책들을 갖춘 훌륭한 도서관도 있어요."

파트너들

"도서관 외에 학생회실도 있어요. 학생 지원 담당인 에이야 보그만이 운영하는 사무실로, 우리의 아주 중요한 파트너 가운데 하나죠." 안시는 특유의 조용하고도 분명한 말투로 설명을 이어갔다. "에이야는 학교생활에 관한 문제뿐 아니라 여러 모로 우리를 도와주고 있죠."

갑자기 특이한 안경을 쓴 남자가 테이블 뒤에서 나타나 우리를 잠시 쳐다보더니 물었다.

"이 컴퓨터의 모니터를 본 적 있나요? 감쪽같이 사라졌어요. 누가 훔치거나 빌려갔을까요? 아니면 혼자 미국으로 날아갔을까요?"

우리가 말문이 막힌 채 그를 쳐다보고 있는데 안시가 속삭였다.

"타르모예요. 타르모 푸코, 우리 IT 서포터죠."

마데 협동조합의 남자들은 불편한 기색을 하며 타르모의 매서운 눈을 피하려고 안절부절못했다.

"여러분은 뭔가 아는 것처럼 보이네요." 하고 그가 말했다. "빌려간 건가요, 아님 날아갔나요?"

엠푸가 소파에서 당황해하며 천장을 향해 말했다.

"빌려갔어요. 시베리아에 있어요. 거기서 학생들이 TA 잡지를 만드는데, 성능 좋은 모니터가 필요했거든요."

타르모는 학생들이 미안해하는 모습을 즐기는 듯 미소를 지었다.

"새로운 장치가 필요하면 언제라도 나에게 물어보면 돼요. 시베리아 용으로 최고급 모니터를 얻어줄 수 있다고요. 업무지원센터에 주문만 해두면요."

타르모가 말했다.

"그나저나…" 내가 끼어들어 엉뚱한 질문을 던졌다. "왜 그 미닫이문이 달린 작은 방을 시베리아라고 부르나요?"

"거긴 항상 추운 시베리아거든요. 겨울에는 온도가 영하로 떨어져요."

엠푸가 어깨를 으쓱하며 말했다.

핵심 활동

"비즈니스 캔버스 모델에서는 모델을 작동시키는 중요한 활동을 정해야 해요."

안시가 목소리를 높여 말했다. 마데가 〈빙하가 녹고 있어요〉라는 연극 리허설을 시작했기 때문이다. 그들은 시베리아를 아이스링크로 바꾼다는 아이디어에 고취된 것처럼 보였다.

"팀 학습을 이해하고 싶다면 학습의 세 가지 장을 알아야 해요. 그런 얘기 들어본 적 있나요?"

안시가 말했다.

나는 세 개의 원이 서로 선으로 연결되어 삼각형을 이루는 포스터를 떠올리며 말했다.

"내가 이해한 바로는 팀원들이 다양한 학습 환경에서 활발하게 작업을 해야 한다는 겁니다."

1. 자신의 학습에 집중하고, 학습계약서를 작성하고, 고객들과 함께 열심히 일하고, 실제에 적용할 이론을 계속 찾아야 한다.
2. 팀의 트레이닝 세션에 적극 참여하고, 지식과 경험을 공유하며, 팀의 성장통, 팀에게 찾아오는 폭풍우, 길게 이어지는 사막 같은 불모의 단계를 즐거운 도전으로 받아들여야 한다.
3. 함께 운영하는 팀 기업의 경영과 발전에 참여해야 한다.

안시는 입을 쩍 벌리고 고개를 끄덕이며 말했다.

"맞아요! 핵심 활동이란 바로 그런 거예요. 당신이 핵심 활동을 잘 이해하고 있어 놀랐어요. 정말로 한방 먹었는데요? 정말 간단한 모델이지 않아요? 우리가 요한네스 파르타넨의 로켓 모델을 사용하고는 있지만, 로켓 과학을 하자는 건 아니죠. 핵심적인 활동 중 하나는 그 모델을 활용하는 거예요. 어떻게 팀프러너를 양성할 것이며 티미아카테미아 3년의 학습 과정을 어떻게 평가할 것인가에 관한 겁니다."

고객 세분화와 고객 관계

"형제들이여! 고객, 고객을 기억합시다!" 톰미가 소파에서 소리쳤다. "당신은 내부와 외부의 고객이 모두 있어야 합니다. 그들 없이는 현실적인 성과와 학습을 성취할 수 없죠. 나는 왜 당신이 계속 티미아카테미아를 닫힌 시스템처럼 얘기하는지 모르겠어요. 팀 기업의 과제가 팀프러너십을 형성하는 것은 사실이에요. 하지만 그건 고객과의 관계를 형성하는 것이기도 하죠. 고객과 수익 없이는 기업을 제대로 운영할 수 없어요. 학습이 진행되는 동안 우리는 고객과의 관계를 형성하는 훌륭한 기회를 가져요."

톰미가 '긍정의 모자'를 다시 쓰고는 소파에서 벌떡 일어나 비즈니스 캔버스에 있는 세분화된 고객 부분을 활기차게 두드리며 말을 이어갔다.

"첫째로, 가장 우호적인 고객층을 찾아야 해요. 산유국 족장에게 눈 치우는 삽을 팔거나 에스키모인들에게 냉장고를 파는 건 이치에 맞지 않잖아요. 어떤 고객이 우리가 관심을 가지는 비즈니스를 하는지, 또 누가 우리와 함께 학습하길 원하는지 우리 스스로 알아내야 해요." 톰미가 말을 이었다. "그 협업에서 우리와 고객 모두가 부가가치를 얻어야 해요. 돈과 노하우의 향상과 공동의 결과물이라는 관점에서요. 솔직히 말하면 초기 단계부터 여러분이 전문가 수준의 서비스를 제공할 수는 없어요. 하지만 지금 2학년인 우리는 이미 매력적인 파트너입니다."

엠푸는 펭귄 부족장의 역할을 끝내며 다음과 같이 선언했다.

"고객과 관계를 맺는 건 어려운 일입니다. 고객들을 방문해서 모자를 벗고 공손하게 고객에게 물어야 합니다. 제안할 일이 있는지, 어떤 문제를 해결해주면 좋을지, 그들이 더 성공할 수 있도록 도울 일은 무엇인지를 말입니다. 또한 티미아카테미아가 어떤 종류의 프로젝트를 제공해야 하는지 묻고 다녀야 해요. 어쩌면 졸업을 앞둔 팀들 중 몇몇은 자신의 프로젝트와 이미 만들어진 고객 관계를 세계일주를 떠나기 전에 여러분에게 인계해줄 수도 있을 거예요. 고객 관계를 만들고 유지하려면 태도가 좋아야 해요!"

어느새 주도권이 안시에게서 톰미와 엠푸에게로 넘어가 있었다. 그 둘이 고객 방문을 하러 떠나면서 다시 평화가 찾아왔다.

채널 솔루션

"채널 없이는 고객과 상호작용을 할 수 없어요." 안시가 설명을 이어갔다. "이 모델에서 채널들은 가치 제안에서 세분화된 고객 쪽으로 향하는 화살표로 그려져 있어요. 우리와 고객 사이에서 지식, 일, 제품이 흐를 수 있는 의사소통 채널을 만들어야 해요. 많은 앙트러프러너들이 독창적인 비즈니스를 개발하고 상점을 열고 멋진 제품과 서비스를 제공하죠. 하지만 사실은 그들 중 대다수가 기본 마케팅을 소홀히 해요. 그런 앙트러프러너의 잠재 고객들은 매장이 어디에 있고 어떻게 갈 수 있으며 언제 문을 여는지, 제품과 서비스의 가격이 얼마이고 누가 서비스를 제공하는지, 인터넷에서 기업 정보를 찾을 수 있는지 등을 알지 못해요. 이 문제와 관련해 우리는 여전히 할 일이 많아요. 웹사이트와 페이스북 팬그룹으로는 충분하지 않아요. 고객들을 우리 매장으로 오게 하는 방법, 관심을 갖도록 하는 방법, 구매 결정을 자극하는 방법을 알아야 해요. 다른 한편으로 단순히 고객을 방문하는 것만으로는 충분하지 않아요. 악수 이상의 것을 제공할 수 있어야 해요. 간결하면서도 충분한 정보가 담긴 브로슈어와 홍보 영상이 있는 상품화된 서비스 같은 것 말입니다."

이해가 되지 않는 부분이 있어 질문을 했다.

"팀 기업의 가치 제안은 '우리는 대담하게 팀프러너를 만들어낸다'인데, 갑자기 고객에게 상품과 서비스를 제공한다고요? 어떻게 가치 제안이 고객들에게 부가가치를 제공할 수 있나요? 고객들이 팀프러너십을 창출하지는 않잖아요?"

"아니에요. 그럴 수 있어요." 안시가 말했다. "팀프러너십은 정확히 고객과의 상호작용에서 탄생해요. 이 부분이 바로 우리의 독특한 방법이 최고로 잘 작동하는 지점이죠. 한번 생각해봐요. 새로운 팀원들은 첫 주에 바로 고객 방문을 하게 돼요. 실전이 최고의 교사니까요. 누구도 티미아카테미아 안에만 머물면서 비즈니스 아이디어를 계획하고 생각하기는 힘들어요. 비즈니스와 학습은 이 담벼락 바깥에서 이루어지죠. 고객 관계가 힘들수록, 프로젝트가 두려운 것일수록, 비즈니스 환경이 난항을 겪을수록 학습 경험은 더 잘 이루어져요. 두렵나요? 그럴 거라 생각해요. 하지만 팀에서는 혼자 두려워할 필요가 없어요. 모두가 두려워하면 결국엔 누구도 두려움을 느끼지 않게 되죠. 한마디로 말하자면, 티미아카테미아에서는 평범한 사람들이 비범하고 훌륭한 일을 할 수 있어요."

"학습과 앙트러프러너십은 고객과의 접점에서 탄생하는군요."
나는 갑자기 무슨 말인지 이해가 되어 이렇게 말했다. "하지만 그게
현실에서는 어떻게 작동하나요? 우리에게는 고객에게 제공할 상품
이나 전문 지식 등이 전혀 없다고 코치들에게 여러 번 이야기했어
요. 고객을 방문하는 동안 내가 할 수 있는 건 입 다물고 듣는 것뿐
이었거든요."

"바로 그겁니다." 안시가 대답했다. "듣는 게 가장 중요한 열쇠
예요. 고객의 이야기를 듣고 고객을 이해하고 그들의 요구를 완전
히 충족시켜 문제를 해결하는 거죠. 당신이 전력을 다해, 그리고 스
케줄에 따라 일하는 모습을 보여야 고객이 당신을 신뢰하게 됩니
다. BEE가 되어야 해요. 과감하고^{Bold}, 열정적이고^{Enthusiastic}, 진취적
^{Enterprising}이라는 말이죠. 이것이 당신이 고객에게 첫 번째로 제공해야
하는 거예요."

수익 모델

마데 협동조합의 마리아는 내내 우리의 토론을 듣다가 계산서
더미 옆에서 중얼거리기 시작했다.

"이 모델에는 다른 중요한 요소들도 있어요. 고객, 가치 약속, 채

널에 관해 계속 이야기하잖아요. 우리 아버지는 자동차 정비소를 하고 계세요. 그래서 저는 고객이 우리 서비스에 돈을 지불할 의향이 얼마나 있는지에 항상 관심을 두죠. 우리의 가격 책정 전략이 어떠해야 하는지 매일 생각해요. 처음에 우리가 고객들에게 '경쟁력 있는' 비즈니스 상담을 제공한다고 해도 고객들은 시장 가격 전액을 지불하려 하지 않을 거예요. 균형을 찾아야 해요. 우리가 고객에게 제대로 부가가치를 제공할 수 있으면 그들도 합당한 비용을 기꺼이 지불할 거라 믿어요. 예를 들어, 고객이 시동이 걸리지 않는 피아트 자동차를 우리 아버지 정비소로 견인해왔다고 쳐요. 그런데 다음날에도 시동이 걸리지 않는 상태라면 고객은 돈을 내려 하지 않겠죠. 고객에게, '차를 점검했는데요, 아마도 점화 코일에 문제가 있는 모양입니다.'라고 말하는 걸로는 충분하지 않아요. 점화 코일을 수리해서 시동이 걸리게 해두어야 하는 거죠."

마리아는 열정적이었고, 그건 좋은 일이었다. 우리는 배워야 할 게 많았다. 마리아가 말을 이었다.

"가격은 전문가 수준인데 품질은 아마추어 수준일 때 문제가 생겨요. 항상 합리적인 수준을 유지해야 해요. 고객의 자동차를 고쳐서 엔진이 제대로 작동해야 비로소 우리는 고객에게 그 서비스에 대해 얼마나 지불할 의향이 있는지 물을 권리가 생겨요. 만족한 고객은 항상 돈을 지불하죠."

비용 구조

마리아 앞에 있는 탁자에는 서류가 수북했다. 마리아는 그걸 엄청난 속도로 서류철에 정리했다.

"이 영수증들을 보세요. 팀 기업들에 무더기로 온 모양이에요. 아이스크림 가판대에 쓸 아이스크림 콘을 샀고, 팀 식당에 쓸 스피커와 앰프, 사무용품, 출장에 사용한 여행 경비 보고서, 제빙기 수리점과 컴퓨터 가게에서 쓴 영수증들이에요. 얼마나 많은지 몰라요!"

마리아는 서류 뭉치로 탁자를 내려치고는 자신에게 꼭 필요하면서도 떳떳한 휴식 시간을 가졌다.

"기업이 이익을 내길 원한다면 비용보다 수입이 더 커야 한다는 건 이해했을 거예요." 안시가 말했다. "우리가 고객 관계와 상호작용 채널을 만들어내고 발전시켜야 한다고 강조하는 것도 바로 그것 때문입니다. 그게 사실 엄청나게 복잡한 일은 아니에요."

"팀에는 재무를 책임지는 사람이 언제나 한 명은 있어야 합니다." 마리아가 끼어들며 한숨을 쉬었다. "이건 대단히 교육적이면서도 재미있는 일이에요. 이 경험을 다른 어떤 것하고도 바꾸지 않을 거예요. 재무 프로세스가 비즈니스 캔버스에 확실하게 들어 있어서 다행이에요. 그 중요한 가치에 걸맞게 아래쪽에 위치하면서 모든 것의 토대가 되고 있죠."

여기까지가 청소도구실에서 발견한 오스터왈더의 비즈니스 캔버스 모델이었다. 대단히 단순하지만 상당한 동기를 부여하는 모델이다.

"만족해요, 아주!" 내가 큰 소리로 말했다. "드디어 팀 기업의 운영 원리를 잘 이해하게 되었어요. 고마워요, 안시! 어떻게 보답할 수 있을까요?"

안시가 의미심장한 웃음을 짓더니 말했다. "알아서 하시든가."

이 말은 내가 학생식당에서 맛있는 점심식사를 사야 한다는 뜻이었다.

비즈니스 모델 캔버스

파트너

핵심 자원

핵심 활동

비용 구조

A. 오스터왈더, Y. 피그누어, 《비즈니스 모델의 탄생》 (2009)

팀과 티미아카테미아 이끌기

티미아카테미아는 상호작용 관계로 네트워크를 구성하는 사람들로 이루어져 있다. 그들이 상호작용을 많이 할수록 티미아카테미아는 더 다양해진다. 페카 아울라Pekka Aula는 상호작용이 비선형적이고 의도하지 않은 결과를 낳으며 예측하지 못한 발전을 이루어낸다고 주장했다(Aula, 2000, 72). 이는 티미아카테미아에서도 마찬가지다.

티미아카테미아에서는 가끔 '규율과 질서'를 지향하려는 움직임이 있고 사람들은 그렇게 해서 혼돈을 통제하려 한다. 혼돈은 어수선함과 난잡함, 통제 불가능하다는 느낌을 낳는다. 질서를 요구하는 사람들은 어수선함과 지속적인 부산스러움, 공유하는 기본 원칙이 제대로 지켜지지 않는 상황에 누구보다 먼저 진저리친다. 혼돈을 용인하는 것은 티미아카데미아에서 중요한 역량이다. 창조적인 혼돈은 창의성과 혁신을 낳고 이는 지속적인 창조의 기반이 된다.

"티미아카데미아는 정말로 혼돈으로 떨어지기 직전의 상태입니다. 그래서 끊임없이 질서와 무질서 사이를 오가고 있어요." 헤드 코치인 요한네스 파르타넨이 티모 레토넨에게 진지하게 이야기했다. "우리가 핵 원자로를 억제하고자 한다면 그것은 에너지를 만들어낼 수 없습니다. 우리는 핵 원자로에서 에너지가 만들어지는 과정에서 일어나는 불확실성을 용인해야 합니다. 크기가 제각기 다른 파도가 우리를 끊임없이 앞으로 실어가는 것처럼 모든 것은 비선형적인 방식으로 진행됩니다."

"마침 저는 페카 아울라의 책《리더십의 혼돈인가, 혼돈의 리더십인가?*Chaos of Leadership, or Leadership of Chaos?*》(2000)라는 책을 읽고 있어요." 레토넨 코치가 잠시 생각한 후 이야기했다. "그는 '질서정연한 혼돈'의 예로 새 떼를 들고 있어요. 생각해보세요. 수백 마리의 새가 떼를 지어 공중에 머물다가 갑자기 일제히 같은 쪽으로 방향을 틀거나 속도를 늦추잖아요. 그건 복잡한 공중 곡예지만 새들은 절대 서로 부딪히지 않아요. 페카는 혼돈의 역설이 다양성의 시작점 중 하나라고 말하는데, 저는 그 말의 뜻이 정말 이해가 안 돼요. 다양성은 상호작용의 단순한 규칙에서 나오고 그 규칙이 조직의 발전을 이끌죠."

오랜 친구인 두 사람은 티미아카데미아 공장의 커다란 홀 한가운데에 있는 안락의자에 앉아 있었다. 마티 뉘케넨의 이름을 딴 스

키 점프대 너머로 해가 지면서 서쪽 지평선을 황금빛으로 물들이고
있었다.

마데 협동조합의 팀 리더를 곧 그만두게 될 톰미 시로넨은 리더
로 활동한 기간에 대한 성찰 보고서를 쓰는 중이었다. 어제 트레이
닝 세션에서 빌레 헬이 새로운 팀 리더로 선출되었다. 팀의 역사에
서 순조로웠다고만은 할 수는 없는 지난 한 해를 보낸 톰미는 마음
이 놓였다. 그들은 코타카빌라(고아티 카페)를 운영했고, 300석의 학생
식당 렌투카를 임차했으며, 카슈미르 협동조합의 릴리푸티 미니골
프 사업과 아이스크림 가판대를 사들였고, 팀의 내부 갈등과 갖가지
문제를 해결했다. 톰미는 은행에 대해 감정이 좋지 않았다. 협동조
합의 여러 사업에 필요한 자금을 대출하기가 매우 어려웠고, 그 바
람에 모든 투자금을 현금으로 조달해야 했기 때문이다. 몇몇 팀원
은 회사 대표가 은퇴할 예정인 광고대행사의 인수를 논의했는데, 그
회사는 사실 이위베스퀼레에서 가장 오래된 광고대행사였다. 이 인
수 작업을 위한 대출이 성사되지 않는 바람에 팀은 인수 대금을 현
금으로 지급해야 했다. 이는 팀원들이 한 달 이상 돈을 받지 못할 것
이라는 의미였다. 팀원들은 팀 기업 밖에서 일하는 것을 금지한다는
데에 동의했다. 그러나 알게 모르게 필라는 헤스버거에서 일하고,
살라는 드레스만에서 일한다. 학비 보조만으로는 생활이 어렵기 때
문에 몇몇 팀원들은 특별대우를 받았다.

빌레에게는 조금 더 수월한 나날이 될 것이다. 사업의 초기 투자

는 이미 이루어졌고 매출은 눈에 띄게 성장해왔다. 이런 상황에 만족한 톰미는 팀이 광고대행사를 인수할 것을 결정했다. 그들은 돈을 모으고 매각 주체와 지불 방식을 합의했다. 팀에는 최소 1년 동안 광고대행사를 설립하는 꿈을 키워온 다섯 명의 열성 멤버가 있었는데 그들이 곧 회사를 운영하게 될 것이다. 겪어보니 은퇴하는 기업가는 사교적이고 믿을 만하며 도와줄 용의가 있는 사람이었다. 그는 회사를 맡을 영업자와 광고 담당자들을 자신의 오랜 고객과 연결해주었으며, 그 덕분에 이미 얼마간의 매출이 이루어졌다.

"아울라가 언급한 상호작용의 형태는 단순해요. 경청하고, 타인을 존중하고, 자기 차례가 돌아올 때를 기다리고, 솔직하게 말하는 것이지요."

요한네스가 엄지손가락을 제외한 나머지 손가락을 하나씩 펴면서 이야기했다.

"이것이 티미아카데미아에서 광범위한 규칙, 규범 목록, 행동 지침이 필요 없는 이유입니다. 잘 이용하기만 한다면 '이끄는 생각'만으로도 충분합니다. 게다가 팀은 기본 원칙만 있으면 되고, 새롭고 놀라운 운영 모델은 자율적으로 만들어갈 것입니다. 코치들이 팀을 통제하려고 노력하는 건 소용없는 일이지요.

모든 팀이 저마다 다릅니다. 팀을 구성하는 개인들, 그들의 상호작용과 협력이 서로 다르니까요. 코치의 일은 팀의 활동 프로세스를 안내하고 성과를 요구하는 것입니다. 코치는 팀의 핵심 활동에 개입해서는 안 됩니다. 실수에서 배우는 법이지만 같은 실수를 반복해서는 안 되죠."

레토넨은 먼 곳을 응시하며 생각에 깊이 잠겼다가 이어 말했다.

"이 불간섭의 법칙은 이해가 됩니다. 모든 팀은 권한과 통제에 대해 어느 정도 자유롭지요. 그들은 그들만의 기본 규칙을 만들 수 있어요. 제가 궁금한 것은 이런 것들입니다. 왜 팀을 위한 운영 그룹을 만들었나요? 왜 팀이 팀 리더, 재무 관리자, 회계 관리자, 커뮤니케이션 관리자를 선출하게 했나요? 이건 운영자가 정해져 있는 진부하고 위계적인 기업 모델과 같지 않나요? 그냥 두었다면 수평적이었을 조직에 불필요한 구조를 더한 건 아닌가요?"

요한네스는 안경을 벗고 불편한 듯 머리를 쓸어 넘겼다. 레토넨이 계속 자기주장을 밀어붙였다.

"팀에는 원래 지명된 관리자designated caretaker 한 명만 있었지요. 팀에는 운영자들managers이 필요 없었어요. 그런 사람들 없이도 일을 해냈으니까요. 아울라는 책에서 '아레나arenas(무대, 경기장)'에 대해 이야기하는데, 그건 팀과는 전혀 달라요. 아레나는 특정한 주제를 중심으로 비공식적이고 비형식적으로 만들어지지요. 사람들이 관심 있는 이슈를 중심으로 모여 아레나를 형성하고는 한 아레나에서 다른 아레나로 옮겨 다니거나 다양하고 격식 없는 워크숍과 회의를 통해 포괄적으로 학습하는 겁니다. 그런 게 팀을 대체할 수 있을까요? 어떤 점에서는 당신이 운영 그룹을 통해 창의성과 커뮤니티의 진화를 제약하면서 혼돈에 질서를 부여하려는 것처럼 보이기도 합니다. 당신은 항상 조직으로서의 티미아카테미아는 기계보다는 나무와 같다고 강조했지요. 나무는 자라나고 풍성해지고 가지를 뻗고 꽃을 피우고, 어떤 부분은 시들겠지만 새로 성장하는 것이 항상 말라버린 부분을 대체합니다. 그것이 아리 드 호이스가 《살아있는 기업 100년의 기업*The Living Company*》(1999)(김앤김북스, 2012)에서 조직을 설명하는 방식이지요."

"그렇지만 나는 여전히 운영 그룹이라는 구조를 지지합니다!" 요한네스가 단호한 어조로 말했다. "우리는 팀원들에게 리더십을 훈련할 수 있는 자리를 마련해주어야 합니다. 팀에서의 리더십은 일반적이고 전통적인 기업에서의 리더십과는 다릅니다. 세상에, 티모, 동료들이 이끌어주는 것이 위계적인 조직의 리더십과는 완전히 다르다는 것을 이해하기가 어려워요? 팀에서 당신은 리더십을 인정받아야 합니다. 당신은 스스로 모범을 보여 이끌면서 '친구이자 리더'가 되어야 해요. 그렇게 되려면 모든 이가 제각기 새로운 방법을 써야 해요. 당신은 사람들에게 이래라저래라 할 수 없어요. 아무도 자신들이 이끌려가고 있다는 것을 눈치 채지 못하는 방식으로 사람들을 이끄는 방법을 알아야 합니다. 실제로는 친구가 아니더라도, 당신은 당신이 이끄는 사람들에게 친구로 느껴져야 합니다. 그리고 그들은 리더를 따르는 방법과 훌륭한 리더가 되도록 돕는 방법을 배워야 하고요. 디 호크^{Dee Hock}(1999)는 내 이야기와 같은 내용을 통계로 보여줬어요. 그의 모델에서 50%의 리더십은 자기 리더십이고, 25%는 상급자를 이끌며, 25%는 동료를 이끕니다. 나는 팀을 해체하거나 학습의 장을 아래나 안으로 가지고 들어가지 않을 거예요. 혼돈의 한가운데에 있을 때는 변하지 않는 무엇인가가 필요해요. 나는 3년 반 동안 모두가 함께 살아가고 숨 쉬는 팀이 모든 팀원에게 결정적으로 중요하고 안전한 피난처라고 생각해요."

"그렇죠. 혼돈에 빠질 위기에서는 리더십이 필요하지요." 레토넨이 다소 풀이 꺾여서는 말했다. "혁신과 창의성은 자유 속에서 꽃피지만, 성과는 규율 잡힌 운영을 통해서만 이룰 수 있습니다. 이것은 분명 역설이지요. 겉보기에 비논리적인 주장이 이런 식으로, 그러니까 논리적으로 설명되니 말입니다."

"운영 그룹은 팀이 비즈니스를 더 빨리 성장시킬 수 있게 돕습니다." 요한네스가 불에 기름을 부었다. "덕분에 팀은 몇 달 동안 겪게 마련인 불모의 단계를 피할 수 있지요. 그 단계에서는 팀원 가운데 몇몇이 공식적으로 권한을 부여받지 않고도 스스로 주도권을 발휘하게 되고 그러한 진화과정을 통해 리더십이 생겨납니다."

톰미 시로넨은 한쪽 귀로 대화를 듣고 있다가 신선한 공기를 마시러 밖으로 나오면서 생각했다. 어떤 면에서 보면 논의는 설득력이 없는 것 같았다. 팀을 이끄는 것이 그렇게 복잡할 리가 없다. 팀은 팀이다. 팀은 리더와 운영 그룹이 필요하다. 거기에 위계질서나 지배 집단이란 없다. 모두 한 배에 타고 있는 것이다. 운영 그룹은 팀기업에서 자신들이 아니면 감당할 수 없는 특정 영역을 책임진다. 팀 리더의 역할은 팀원들을 돕고, 그들의 이익을 위해 일하고, 필요하다면 그들의 고민과 걱정을 경청하는 것이다. 이러한 역할을 하기에 리더는 주목을 받으며, 그래서 리더는 정말 아무것도 감출 수가 없다. 당신은 진실을 추구하고 눈을 똑바로 쳐다보면서 일을 시작해야 한다. 당신의 기준이 모순된 두 가지여서는 안 된다. 팀원들이 북포인트 목표에 도달해야 한다면, 팀 리더는 먼저 그 목표에 도달하는 팀원들 가운데 한 사람이어야 한다.

티미아카데미아에서 리더십은 무엇이 그리 특별할까? 톰미는 혼자 계속 생각해보았다. 팀 리더들은 팀 리더 포럼이나 코치들이 이야기하는 '리더들의 자발적인 아레나'에서 매주 만난다. 이런 유형의 아레나는 그 속성상 쉽게 제도화되고 공식 회의나 콘퍼런스를 닮아가기 십상이다. 우리가 전통적인 의제들을 폐기하고 우리의 주요 미션이 '티미아카데미아의 생존과 유지를 확고히 하는 것'임을 천명한 이유가 바로 그 때문이다. 우리는 코치들의 지시와 결정을 정당화하는 데 많은 시간을 보내는데, 이는 우리가 코치들이 제안하는 것을 무조건 자동으로 받아들이지는 않기 때문이다. 우리는 현명한 의사결정을 하고 새로운 지식을 창조하기 위해 노력한다. 코치들은 리더들의 포럼과 거리를 두는 것이 좋다. 코치들의 참여가 그들의 구조와 과업을 변화시킬지도 모르기 때문이다.

톰미가 다시 들어왔을 때, 티미아카테미아는 나무인가 아니면 기계인가, 하는 심오한 토론이 여전히 이어지고 있었다. 그는 잠깐 코치들의 논쟁을 듣다가 결국 끼어들었다.

"우리가 티미아카테미아를 기계로 본다면, 저는 그 설계자가 헤드 코치인 파르타넨이라고 봐요. 또 티미아카테미아는 수년에 걸쳐 수백 명의 사람들이 함께 일하면서 고유한 정체성과 특성을 키워온 살아있는 생명체이자 유기체이기도 해요."

세 사람은 활발하게 토론을 이어갔다. 마침내 그들은 옆 건물에 있는 도서관에 가서 아리 드 호이스의 책《살아있는 기업 100년의 기업》을 가져와 몇 가지 사실을 확인했다. 티모 레토넨은 솔 프랑스사가 개최한 파리 모임에서 노년의 저자를 만난 일을 이야기했다. 그 모임에서 티모는 만돌린과 하모니카, 발 드럼으로 1인 밴드 연주를 해 사람들에게 즐거움을 안겨주었다. 그 다음날 아리는 티모의 음악 덕분에 분위기가 편안해졌다고 했고, 티모는 다행이라고 생각했다. 요한네스 파르타넨은 티미아카테미아를 만들고 이끌어온 자신의 역할을 대단치 않은 것으로 여겼다. 혼자서 이 '살아있는 생명체'를 탄생시킨 건 아니라는 것이었다.

"전 여기에서 일종의 정원사였다고 할 수 있죠." 요한네스가 말했다. "저는 묘목을 기르고 비료를 주고 잡초 뽑는 것을 도왔어요.

또 학습자들이 성장할 수 있는 다른 유형의 장소를 탐색하고 제공했지요. 먼저 연구자들의 실험실에서 모든 종류의 조직과 프로세스 모델을 구상한 뒤에 그것이 현실에서 어떻게 작동하는지 확인한다는 건 터무니없는 아이디어라고 생각합니다. 우리의 학습 모델은 커뮤니티 내부에서 선배 구성원들 중 한 명의 도움과 조언과 코칭을 받으며 지내는 과정에서 탄생합니다. 살아있는 유기체는 한번 학습 프로세스와 커뮤니케이션 네트워크, 그리고 개인적 관계를 얻으면 스스로 자유로워집니다."

톰미 시로넨은 다시 리더십을 대화 주제로 끌어와서, 전통적인 조직은 리더가 조직을 결속하고 구성원들을 이끌지 않으면 그것이 기능하는 능력을 상실할 것이라고 주장했다. 팀 리더로서 그는 팀이 끊임없이 스스로를 새로 고치고 자신의 프로세스를 독자적으로 구축할 힘과 역량을 지녔다는 것을 알게 되었다. 티미아카테미아의 역동적이고 영감을 주는 문화가 그런 일이 일어나도록 하는 것이다.

"팀을 이끄는 데 어려운 게 하나 있어요." 하고 톰미가 말했다.

"뭔데요?"

코치들이 거의 한목소리로 물었다.

"모범이 되려 하는 경우에는 어떤 것에서도 꽁무니를 뺄 수 없어요. 행렬의 선두에서 강인하게 걸어야 하죠. 팀 리더가 되는 데에는 많은 용기가 필요해요. 그것은 스스로를 무장해제해서 팀이 정하는 대로 맡긴다는 의미예요. 자신을 보호할 도구가 아무것도 없는 거죠. 행동만이 중요해지고, 그래서 모범을 보이며 이끌어야 해요. 임무 수행이 보상을 얻기 위한 것이 아니라 삶의 방식이 되어야 해요. 생각해보세요. 한순간도 평화로운 때가 없고 맘 편한 학창시절은 꿈도 못 꾼다고요!"

선배 코치들은 그의 말을 이해하는 듯했다.

"팀 리더가 되는 게 어려운 일이라는 건 알지요. 그렇다고 자신에게 너무 많은 것을 기대해서는 안 됩니다." 레토넨이 말했다. "여러분은 단지 리더십을 실천해보는 거니까 긴장을 풀고 즐겨야 한다는 것 또한 잊지 말아야 해요. 나는 요한네스와 내가 정말 팀 리더로 딱 맞는 유형이라고 생각하지 않아요. 우리가 그냥 코치인 게 모두를 위해 나은 일이에요. 이 구도에는 그게 최선이에요."

레토넨은 자신의 통통한 배를 두드렸고, 파르타넨은 마커를 집어 들고 플립 차트로 걸어갔다.

"내가 친구 리더십에 대해서 몇 가지를 써볼게요. 팀 리더들이 리더십이라는 도전에 성공하는 데 이게 도움이 될 거예요. 톰미, 이걸 학습 다이어리에 적어요. 내 생각에는 이게 우리의 독창적이고 풍성한 대화를 구체화해줄 겁니다. 대화에 참여한 친구들, 정말 고마워요. 레토넨, 당신은 정말로 진정한 배움의 길에 접어들었어요!"

파르타넨은 잘 정돈된 글씨로 팀 리더가 항상 기억해야 할 열 가지 사항을 다음과 같이 썼다.

1. 사람들의 감정을 잘 알아채어 그에 따라 행동하라. 친구 리더로서 당신 자신의 인간적인 면모를 기억해야 한다.

2. 리더로서 항상 세심히 사람들에게 관심을 기울이고 시간을 내어주는 여유를 갖고 진심으로 귀를 기울여라.

3. 친구 리더십에서는 행동만이 중요하다.

4. 친구 리더십의 기본 과업은 학습 조직을 이끄는 것이고, 기본적으로 필요한 역량은 공유하는 목표로 나아가도록 사람들에게 영감을 불어넣는 능력이다.

5. 자신을 이끌 수 없다면 타인도 이끌 수 없다.

6. 친구 리더십에서는 팀 기업에 속한 모든 이의 역할을 설정하는 것, 그리고 그들의 강점에 집중하는 것이 무엇보다 중요하다. 팀을 구축하는 기술은 성공적인 팀 리더십을 위한 전제조건이다.

7. 모든 성공과 실패는 리더십에서 비롯되며, 리더십의 실패는 커뮤니케이션의 부족에서 비롯된다.

8. 친구 리더십은 상처럼 받을 수 있는 것이 아니다. 날마다 노력으로 얻어내야 하는 것이다.

9. 친구 리더가 할 일은 팀 기업 안에서 코치와 함께 공동체 정신과 긍정적 사고를 이끌어내는 것이다.

10. 친구 리더십은 항상 본보기가 된다. 당신이 주목하는 것에 다른 사람들도 관심을 가지게 될 것이다.

- 파르타넨 & NJL, 2008

행동 지향적 비즈니스 기획하기

수비 네노넨, 카이 스토르바카 (2010), 《시장 형성: 시장을 끌고 갈 것인가, 시장에 끌려갈 것인가?》, 헬싱키, WSOYp

더 많은 자원

당신은 누구인가?
당신은 무엇을 아는가?
당신은 누구를 아는가?

나는 무엇을 할 수 있는가?

당신의 자원을 평가하라

제약의 감소

마케팅의 마법 공식

마케팅의 마법 공식은 어떻게 탄생했나?

    시베리아에서 대화를 나누는 소리가 들려왔다. 여닫이문이 꽉 닫혀 있어서 문을 두드릴까 말까 잠시 망설였지만 호기심을 누를 수 없었다. 나는 문을 조금 열고 안을 들여다보았다. 방 한가운데에 있는 탁자에는 사각형이 그려진 커다란 판지가 놓여 있었다. 사각형의 각 모서리와 중앙에는 원이 그려져 있고, 각 원 안에 4P, 4E, 4Y, 4S라는 암호가 적혀 있다. 그리고 한가운데에 있는 원 안에는 K라는 글자만 크게 적혀 있다. 마치 심령교류회처럼 보였다. 사미는 포스트잇에 뭔가 적고 있고, 살라는 4E라고 적힌 모서리를 바라보며 생각에 잠겨 있다. 토미는 방 한쪽 구석에서 노트북으로 메모를 하느라 여념이 없다. 창밖을 바라보고 있던 마티아스가 플립 차트 쪽으로 걸어가서 4P+5E+6Y=15B라는 공식을 적었다.

"이게 2004년 봄 모르바 오두막에서 '마케터의 길' 프로그램 코칭 그룹이 개발한 마법의 공식이야."

마티아스는 이렇게 말하고 공식을 응시했다.

때는 2004년, 여름이 다가오고 있었고 태양은 창을 통해 판지를 비추고 있었다. 헤드 코치인 요한네스 파르타넨과 티모 레토넨 코치가 차트 앞에 서 있었다. 레토넨은 4P 마케팅 이론을 마케터의 길 프로그램에 사용해야 한다고 주장했다.

"이 이론이 좀 진부하다는 건 인정해요. 그렇지만 필립 코틀러는 이 연구의 기반을 닦았어요. 제품^{Product}, 유통^{Place}, 홍보^{Promotion}, 가격^{Price}이라는 기본 요소가 중요하다는 건 달라지지 않아요."

요한네스는 주저하면서 4P를 적으며 이렇게 말했다.

"나는 4P에 아주 질려버렸어요. 1970년대부터 경영대학에서 오랫동안 가르쳤지요. 아직도 코틀러의 무덤이나 파헤쳐야 할까요?"

"왜 이래요, 코틀러는 아직 묻히지도 않았어요." 하고 티모가 말했다. "여든이 넘었지만 여전히 책을 써내는 대단한 할아버지죠! 물론 공식에 당신이 원하는 건 무엇이든 덧붙여 쓸 수는 있지만, 저는 당신이 마케팅에 대한 코틀러의 훌륭한 가르침을 왜 버리려고 하는지는 전혀 모르겠네요."

요한네스는 4P 뒤에 +를 그려넣었다.

"나는 여기에 5E를 추가하려고 해요. 파인과 길모어의 《체험의 경제학》을 읽어봤겠지요? 그들의 이론은 마케팅에 전혀 다른 차원을 제공해줍니다. 5E는 즐거움Entertainment, 교육Education, 심미Esthetics, 현실탈피Escapism에서 따온 글자예요. 이런 식으로 우리는 마케팅에 체험적 측면을 추가하는 겁니다. 다섯 번째는 내가 만들어낸 거예요. 티미아카테미아의 '정신Esprit'."

레토넨은 숨을 깊이 들이쉬고는 말했다.

"그것까진 좋아요."

구름이 태양을 가려서 눈을 가늘게 뜰 필요가 없어졌다. 레토넨이 뭔가 떠오른 듯 대화를 진전시켰다.

"그 책은 비즈니스를 아주 재미있는 방식으로 해석하고 있어요. 예를 들면, 동네에 있는 가게는 극장으로 비유할 수 있지요. 가게는 무대, 가게 주인과 직원들은 배우, 고객들은 관객이에요. 비즈니스 아이디어는 대본이라고 할 수 있고요. 결국 모든 게 현실에서 어떻게 작동하는지 말해주지요. 저는 또 다른 +와 6Y를 추가하겠습니다."

파르타넨은 6Y(여기서 'Y'는 핀란드어인 'Ympäristö'에서 따온 약자로, 무언가를 둘러싸고 있는 환경(surroundings)을 의미한다. 본문에서는 팀 기업의 운영환경을 의미한다. - 옮긴이)를 쓰고는 창밖으로 펼쳐진 풋풋한 봄날의 농촌 풍경을 지긋이 바라보다가 입을 열었다.

"당신 얘기가 마케팅에서 고객을 만나는 환경을 의미한다는 걸 알겠어요. 인정해요. 그 환경이란 것도 무시하면 안 되지요. 여러 장소에서 여러 방식으로 고객을 만날 수 있어요. 고객이 우리 매장이나 사무실을 방문할 수도 있고, 우리가 고객의 업소를 방문할 수도 있습니다. 또는 박람회나 갖가지 행사에서 만날 수도 있죠. 물론 잠재적인 직원이나 파트너들을 만날 수 있는 곳이라면 채용 상담을 위한 환경을 꾸밀 수도 있습니다."

레토넨이 덧붙였다.

"인터넷과 인쇄물도 잊으면 안 돼요. 좋은 브로슈어로 당신이 제공하는 것을 명확한 형태로 구체화해야 하죠. 이제 수학 공식처럼 보이기 시작하네요. 4P + 5E + 6Y."

요한네스는 기지를 발휘해서 공식 뒤에 등호(=)를 추가했다.

"마케팅 연구자로서 경험한 건, 이런 요소들이 기업의 브랜드를 형성한다는 사실입니다. 이걸 모두 합치면 15B가 되는 거죠. 정말 놀라운 통찰이죠? 친구. 이제 커피랑 쿠키 좀 먹으러 가볼까요?"

마법의 공식에서 마법의 공식 기계로

4P + 5E + 6Y = 15B. 똑같은 공식이 8년 후에도 여전히 시베리아의 벽에 붙어 있다. 마티아스는 잠깐 생각하고는 5와 6을 지우고 그 자리에 4를 적어 넣었다. 새로운 숫자는 브랜드 값을 12로 감소

시켰다. 조금 더 균형이 잡힌 것 같다.

사미는 커피를 가지러 일어나서 시베리아의 문을 획 열었다.

"동지들, 여기 스파이가 있어!"

사미가 내 손을 잡고 안으로 확 끌어당기며 소리쳤다. 그는 미식축구 선수다. 난 현행범으로 붙잡힌 것이다.

"누가 보낸 거죠?" 하고 그가 물었다.

"나, 난 정말 스파이가 아니에요." 나는 약간 떨면서 말했다. "난 그냥 여기 티미아카테미아에서 일어나는 모든 일에 관심이 있을 뿐이에요. 그리고 여기가 너무 특이해 보여서 말이죠. 그게 답니다."

"그럼 이제 당신이 본 걸 아무에게도 말하지 않겠다고 맹세해야 해요." 그가 말했다. "우리가 티미아카테미아의 전설적인 마케팅 마법 공식을 수정하고 있는 걸 봤잖아요. 우리는 그걸 마법 공식 기계로 바꾸고 있었어요."

"마법 공식 기계?" 나는 어리둥절해졌다. "사실 난 당신들이 뭔가 차원이 다른 힘을 불러내고 있다고 생각했어요!"

"흠, 여기에서 유일하게 차원이 다른 힘은 저 기계 자체예요. 정말 수준 높은 발명품이죠." 토미가 이렇게 말하고는 나에게 그 마법 공식 기계가 어떻게 작동하는지 보여주기 시작했다.

"1번 디스크는 4P입니다. 여기에서 시작해서, 마케팅 경쟁 도구들(제품, 가격, 유통, 홍보)에서 변수 하나를 선택하면 돼요. 그 도구들을 하나씩 기계에 넣고 돌려보는 거예요. 그러는 동안 그 도구들에 새로운 모습과 내용이 생기면서 더 나아져요.

2번 디스크는 4E인데, 이 지점에서 당신은 선택한 경쟁 도구에 교육, 심미, 즐거움, 현실탈피라는 요소를 추가할 수 있어요.

3번 디스크는 4Y입니다. 이제 당신은 다른 상호작용 환경에서 선택한 변수를 검증하는 거예요. '우리가 제품과 서비스를 판매할 수 있는 오프라인 또는 온라인 매장이 있나? 우리 시설은 어떻게 생겼지? 우리가 고객을 방문하는 거야, 아니면 고객들이 우리를 방문하도록 초대하는 거야? 간단한 브로슈어, 명함, 고객용 매거진이나 뉴스레터 같은 인쇄물은 어떨까? 웹으로 공개할 건 뭐지? 소셜 미디어를 활용하고 있나? 우리 블로그나 웹사이트는 있나?'

4번 디스크는 4S예요. 이 디스크에서 4개의 가장 중요한 고객 표적집단을 볼 수 있어요.

5번 디스크는 K입니다. 이 한가운데로 모든 요소들을 모으고 섞어서 시장에 내놓을 정도의 콘셉트를 만드는 거예요. 그 주변에는 네 가지 도구가 있어요. 사업 수익, 사업 비용, 네트워크, 아이디어 창출이죠. 이 도구들은 우리가 계속 콘셉트를 다듬고 재정적 결과를 점검하도록 해요."

"와, 이거 정말 특별한 기계네!" 나는 감탄했다. "중요한 마케팅 이론들로 만들어져 있어요. 내가 봐도 이건 정말 생각의 폭을 넓혀주겠어요. 그리고 여러 접근법들이 상호작용하도록 해줄 것 같아요. 그런데 이게 현실에서는 어떻게 작동하는 겁니까?"

4P, 코틀러의 경쟁 도구들, 그리고 이야기 기계

"당신이 갑작스럽게 등장해서 우리를 방해했을 때 말이에요, 그 때 우리는 실험을 하고 있었어요." 사미가 4P 디스크를 돌리며 말했다. "'코타카빌라(고아티 카페. 고아티는 라플란드식 원뿔형 천막이다.)'의 마케팅 계획에 이걸 사용해보려고 하는 중이에요. 우리는 가장 잘 팔리는 제품 세 가지를 알아냈는데, 소시지, 고아티에서 직화에 끓이는 커피, 그리고 전설적인 핀란드 커피 빵 풀라입니다. 이 세 가지는 각각 2유로씩이고, 세 가지가 다 담긴 세트는 5유로에 살 수 있어요."

"그게 그렇게 특별해 보이지는 않는데요." 내가 그들의 아이디어에 대놓고 의문을 던졌다. "그 가운데 어떤 게 고객들에게 새로운 부가가치를 제공하지요? 코타카빌라 전체를 4E 디스크에 던져 넣으면 무슨 일이 일어난다는 겁니까?"

"우리 카페는 독특하고 달라야 해요." 살라가 알쏭달쏭하게 말했다. "그게 우리가 이 체험 디스크를 사용하는 이유인데, 이건 실제로 작동하는 이야기 기계를 포함하고 있어요! 우리는 고아티에 관한 이야기를 만들기 위해 이걸 사용했어요."

고아티는 2005년 겨울에 요피 협동조합의 여자 팀원들이 이위베스예르비 호숫가에 만든 것이다. 이 펭귄들은 그때 막 티미아카테미아에서 공부하기 시작했는데, 고객을 방문한 자리에서 그 아이디어의 창시자를 만났다. 그는 카페 콘셉트를 알려주고는 자신의 순록 모피와 검게 그을린 커피 주전자를 이 신출내기 앙트러프러너들에게 팔려고 했다. 그들도 커피를 끓이고 소시지를 구울 불을 피울 곳으로 고아티가 필요했다. 그러나 팀원들은 돈이 하나도 없었고 돈을 빌릴 데도 없었다. 펭귄들은 그 프로젝트에 관심이 있는 친척이 있을지도 모른다는 생각이 들었다. 그리고 그 생각은 맞았다. 그들의 할머니들은 예금통장을 찾아내어 5,000유로를 빌려주었다. 이위베스퀼레 시는 그들에게 호숫가의 작은 땅을 빌려주었고, 팀의 남학생들은 장작을 구해 왔다. 곧 호수가 얼음으로 뒤덮였다. 그들은 고아티를 짓는 모임을 결성했다. 5,000유로 투자는 꽤 커 보였고, 그게 JAMK 응용과학대학의 담당자들에게는 걱정이었다. 코타카빌라가 수익을 내지 못하고 경험 없는 여학생들이 투자금을 날리는 것으로 끝나면 무슨 일이 벌어질까? 누가 이 사업에 책임을 질까?

"책임은 언제나 학습자들이 만든 협동조합에게 있지요." 유하 루스카 코치가 반쯤 열린 문을 통해 단호하게 말했다. 그는 서비스 디자인 전문가다. "팀이 성공할 수 있도록 돕고 최악의 걸림돌을 피해갈 수 있도록 안내하는 것이 코치의 일이죠. 때때로 팀이 탄 보트가 충격을 받을 때도 있었지만 물이 새어 들어온 적은 없었고 어떤 팀 기업도 가라앉지 않았어요."

코타카빌라의 시작은 쉽지 않았다. 천막 아래쪽으로 바람이 들이치는 바람에 손님들은 발이 시렵다고 했다. 굴뚝이 제대로 작동하지 않아서 1미터가량 연기 층이 생겨 고객들은 벤치에 바짝 구부리고 앉아야 했다. 여자 팀원들은 바닥에 무릎을 꿇고 커피를 서빙했다. 주말 근무 후에 요피 협동조합 사람들에게서는 연기 냄새가 났고, 그 냄새는 수요일의 트레이닝 세션에서도 여전했다. 사리 베리페에게는 안타까운 사고가 있었다. 커피를 끓이다가 속눈썹을 태운 것이다. 눈누는 손톱이 부러졌다. 그래도 그들은 영업을 했다. 어느 햇살 좋은 봄날의 일요일 오전, 빌레 케레넨은 300개의 소시지를 팔았다.

"시작은 늘 그렇듯 어려웠지만 결국 코타카빌라는 티미아카테미아에서 아주 성공적인 프로젝트 중 하나가 되었죠." 살라가 이야기 기계를 돌리면서 말했다. "세 팀이 그 카페를 운영했고 우리가 네 번째였어요. 즐거운 순간도 많았고 배운 것도 많았어요. 우리는 첫 겨울 시즌에 요피 여자 팀원들이 한 경험을 재미있게 들었어요. 물론 그들은 전문성에 대한 자신감, 마케팅, 예산 전략, 리더십이 부족했기 때문에 배워야 할 게 많기도 했어요!"

경험, 설렘, 순록, 그리고 커피

이야기 기계는 제대로 작동하는 것 같았지만 새로운 무엇인가를 만들어내는 것 또한 마법 공식 기계의 목적이었다. 나는 아주 전통적인 이야기에 경험적 요소를 더하는 것이 어떻게 가능할지에 관심이 있었다. 커피를 물처럼 많이 마시는 사미가 설명했다.

"그냥 불 위에서 끓이는 커피를 생각해봐요. 시장에는 아무도 그런 걸 팔지 않죠. 모카마스터는 효율적이고 품질 좋은 가전제품이지만, 우리는 커피라는 이슈를 다른 각도에서 접근해요. 고객은 불 위에서 커피가 만들어지는 모든 과정을 지켜보게 됩니다. 깨끗한 샘물을 커피 주전자에 끓이고, 커피 가루를 필요한 만큼 계량해서 넣어 끓인 다음, 커피 주전자를 워머에 잠시 놓아두죠. 신선한 커피 향이 카페 문을 열고 들어오는 고객을 맞이한다고 생각해보세요. 그게 커피를 사도록 유혹하죠."

의심할 여지 없이 이 사업에서 고아티는 하나의 무대였고, 팀원들은 배역을 연기했으며, 심지어 대본도 있었다. 최고의 엔터테인먼트처럼 말이다.

"거기에 어떻게 학습을 더하죠?" 나는 사미에게 도전적인 질문을 던졌다.

사미는 4Y 디스크를 돌리며 생각했다. 그는 코끝에 걸쳐져 있는 안경 너머로 딴 데 정신이 팔린 것처럼 보였다.

"고객들이 직접 불로 커피를 만들어보게 하는 건 너무 위험할 거예요." 그가 말했다. "우리는 고아티라는 만남의 장소를 운영하고 고객들은 수동적인 참여자가 됩니다. 그러나 학습 경험은 다른 곳에서 이루어질 수 있죠. 예를 들면 집에서 말이죠. 우리는 우리의 그래픽 퍼실리테이터인 마리아가 커피 제조과정을 깔끔하고 화려한 포스터로 그린다는 계획을 세웠죠. 그 포스터를 고객들에게 나누어주면, 고객들은 그걸 액자에 넣어서 벽에 걸어두거나 마우스 패드로 사용할 수 있어요. 우리는 또 소량 포장 커피와 고전적인 커피 주전자를 골라서 팔아요. 이런 식으로 고객들은 완전한 '트레이닝 세트'를 사는 겁니다."

사미의 설명은 점점 활기를 띠었다.

"정말이라니까요. 집에서 끓인 커피의 향과 부드러운 풍미는 그들에게 고아티에서의 즐거웠던 기억을 떠올리게 할 거예요. 우리는 커피 블로그도 만들었어요. 아마 핀란드에서 가장 인기 있는 블로그가 될 거고, 누가 알아요, 세계적으로도 유명해질지!"

2유로짜리 커피로 그렇게 여러 측면을 지닌 제품을 만들어낼 수 있다면, 그들이 불에 구운 소시지와 풀라로 뭘 할 수 있을지는 쉽게 상상이 된다. 그건 정말로 대단한 일이다.

순록 옷을 입은 펭귄 티르코넨

마티아스는 마법 공식을 여러 형태로 비틀고 구부렸다. 그는 S 디스크를 거기에 맞추어 넣지 못해 쩔쩔매면서 이렇게 말했다.

"세분화된 고객을 이 공식에 넣기가 왜 이렇게 어려운지 모르겠네요. 세분화된 고객이 마법 공식 기계에서 작용하는 분명한 목적이 있기는 하지만 아마도 그것들은 아예 마법 공식 기계에 포함되지 않는 것인가 봐요."

"그게 바로…"하고 내가 실제로 질문을 던지지 않는 방법으로 끼어들었다.

"그게 바로…"마티아스가 질문을 되새기느라 말을 멈췄다.

"그게 바로 이 기계 전체의 가장 중심에 있는 것이에요." 하고 마침내 그가 말했다. "기계의 동력원은 진짜 고객이에요. 우리가 네 가지 가장 중요한 고객 표적집단을 찾아내서 그들의 요구에 집중해야 하는 이유가 바로 그겁니다. 그래야 우리 일이 잘 풀려나갈 겁니다."

고아티 카페는 이위베스예르비 호숫가에 있다. 겨울에는 그 옆으로 2킬로미터의 스케이팅 트랙과 훌륭한 스키 코스가 지나간다. 카페 바깥의 얼음 위로는 많은 사람들이 지나다니는데, 고아티 카페가 열려 있는 주말에는 사람들이 더 많이 오간다.

"저는 아이들이 있는 가족이 아주 중요한 고객이라고 봐요."

사정을 잘 아는 척, 내가 말했다.

"정확히 맞는 말입니다." 하고 토미가 말했다. "그런 이들에게는 이위베스예르비 휴양지가 아주 중요한 장소거든요. 우리가 세분화된 고객이나 4S 디스크의 관점에서 우리의 서비스 콘셉트를 만들기 시작하면 우리가 제공하는 제품과 서비스가 달라질 거예요. 커피, 풀라, 소시지로는 충분하지 않을 테니까요. 예를 들면 아이들은 다른 걸 원할 거예요. 주스나 탄산음료, 핫초코, 도넛, 심지어 사탕 같은 것 말이죠."

"풀라를 막대기에 꽂아서 불에 굽거나 마시멜로를 굽는 건 어떨까요? 건강을 생각하면 수프가 있어야 해요. 콩 수프나 야채수프 말이에요."

살라가 신이 나서 말했다.

루스카 코치가 문틈으로 소리쳤다. "가운데 디스크를 '사업 수익'으로 바꾸고, 또 '사업 비용'으로 잠깐 바꿔봐요. 제품과 서비스 범위를 확장하기에는 여러분의 자원이 너무 제한되어 있어요. 일단 특정한 제품에 집중하고 난 뒤에 폭을 넓혀야 해요. 마시멜로는 매장과 아이들의 옷을 더럽히죠. 풀라를 막대에 꽂아 굽는 건 너무 오래 걸려서 고객 회전율을 충분히 높일 수 없을 거예요. 고아티는 풀라를 구우려는 사람들로 가득 찰 거고, 그래서 줄이 줄어들지 않으면 짜증을 낼 거예요. 그렇지만 카페 앞에 이동식 수프 주방을 두는 것은 좋은 아이디어인 것 같아요. 한 주는 콩 수프, 그 다음 주는 야채수프, 또 그 다음 주에는 굴라시, 이런 식으로 파는 겁니다. 수프는 수익이 좋고, 티미아카테미아 헝가리의 이슈트반은 숙련된 요리사인데다 부업으로 향신료를 핀란드에 수출하고 싶어 해요. 그를 두 달 정도 이곳에 데려와서 수프를 만들게 해봐요."

합리적인 아이디어다. K 디스크의 아이디어 창출 영역은 많이 사용되어왔고, 세분화된 고객의 요구에 대응해서 제품과 서비스를 개발하는 데 도움이 되었다.

"여기 좀 봐요, 이거, 작동해요!" 마티아스가 특유의 열정적인 목소리로 소리쳤다. "그렇지만 여전히 약간의 경험적 요소와 극적인 요소가 필요하다고 생각해요."

"펭귄 티르코넨한테 순록 모양 옷을 입히는 건 어때요? 아니면 평소 모습처럼 약간은 모자란 펭귄으로 꾸미면?"

사미가 물었다.

"아이들이 무서워할 것 같아요." 하고 마티아스가 말했다. "그런 친구를 사람들 앞에서 연기하게 시키면 안 돼요. 차라리 진짜 순록에 썰매를 매고 에사를 태우면 어떨까요? 그는 사미족 노래를 부를 수 있어요. 에사는 진정한 뮤지션이니까 진짜 라플란드 노래로 고객들을 즐겁게 해주고 순록도 태워줄 수 있어요. 그 친구라면 스키와 얼음낚시 시합을 열지도 몰라요."

"좋은 아이디어이긴 한데, 진짜 순록을 데려오면 순록이 할 일이 없어지는 여름까지 순록 고기를 내놓을 수 없게 돼요."

사미가 입맛을 다시며 말했다.

부족 기계가 작동한다 ─ 이위베스퀼레에 얼음을!

토미는 세분화된 고객 디스크에서 발목이 잡혔다.

"우리는 '부족 기계^{tribe machine}'란 것도 있어요." 그가 말했다. "어떤 고객 부족이 고아티 주변에 형성될 수 있을까요?"

"제드 고딘이 1999년에 쓴 책에서 부족에 대해 이야기했어요." 사미가 말했다. "누구나 생각이…"

"제드라니요! 세스예요. 세스 고딘."

토미가 외쳤다.

"어쨌든, 그건 그렇고…." 하고 사미가 말했다.

"그리고 고딘이 부족에 대한 책을 쓴 건 2008년이에요! 《트라이브 즈Tribes - 새로운 부족의 탄생이 당신에게 성공의 기회가 되는 이유》(시목, 2020))"

루스카 코치가 문 너머에서 소리쳤다.

사미는 한숨을 쉬었지만 곧 정신을 차리고 말을 이어갔다.

"어쨌든, 고딘은 누구나 생각이 비슷한 사람들을 연결하는 움직임을 촉발해서 놀라운 일들을 성취할 수 있다고 말하죠. 어떤 집단이 부족이 되는 데 필요한 건 딱 두 가지라고 해요. 관심사와 소통 방식을 공유하는 거죠. 여기에 더해서 부족에는 항상 리더가 있어야 해요."

"요한네스 파르타넨이 쓴 고딘 책의 요약본을 먼저 읽어본 다음에 그 책을 읽어야 해요."

토미가 이제는 팀원들에게 진지하게 말했다.

요한네스는 사람들이 수백만 년 전부터 내내 부족에 속해 있다고 썼다. 그러나 리더가 없이는 부족도 없으며, 부족이 없이는 리더도 없다. 사람들은 연대감을 원하고 서로 연결되기를 원한다. 부족은 우리의 삶을 더 낫게 한다. 부족은 우리에게 에너지를 준다! 운동은 많은 사람들이 하는 공동의 노력이다. 그들은 모두 어떤 식으로든 연결되어 있고 함께 모여 더 나은 것을 찾고자 한다.

토미는 부족 기계에 매달려 있다가 마침내 확신에 차서 말했다.

"우리는 고아티 카페를 위한 부족을 만들어내야 해요. 우리는 족장들이고, 겨울을 즐기는 이위베스퀼레 사람들의 관심을 고취하는 겁니다. 우리는 겨울과 눈과 얼음, 추운 날씨와 차가운 바람을 사랑해요! 우리의 가장 큰 기쁨은 구름 한 점 없는 하늘에서 봄 햇살이 쏟아지는 동안 빙판에서 스케이트를 타고 훌륭한 스키 트레일을 따라 스키를 타는 것이죠. 추위와 바람의 공격이 너무 심하면 고아티 안에서 몸을 녹이면 돼요. 그곳에 가면 고아티 팀프러너들이 족장이 되어 우릴 보살펴주는 겁니다."

"그 그림, 좋은데요!" 살라가 진심으로 외쳤다. "영하로 조금 내려간 상쾌한 겨울날, 그리고 사람들의 빨개진 뺨 말예요. 겨울이 매년 조금씩 짧아지고 눈은 덜 내리고 호수가 가을이 한참 지나서나 심지어 1월에야 얼어붙게 되었지만, 우리 비즈니스는 날씨에 달렸어요. 그래서 우리에게 기후변화는 죽음이죠.. 아무것도 그걸 막을 수 없어요. 아무것도요."

마티아스는 우리가 겨울과 호수의 결빙 이야기를 시작하자 긴장했다.

"우리 집이 어디든, 이제 바다는 절대로 얼지 않아요." 그가 말했다. "이 문제를 그냥 둘 수는 없어요. 우리는 얼음이 필요해요, 그렇죠? 사람들이 물 위에서 스케이트를 탈 수는 없어요. 이위베스퀼레에 얼음을! 젠장, 기후변화를 막아야 한다니까. 그렇지 않으면 미래의 어린이들은 영영 천연 얼음 위에서 스케이트를 탈 수 없을 거예요."

깊은 침묵이 방 안에 내려앉았다. 마케팅 마법 공식 기계는 모순되게도 코타카빌라의 핵심 고객층에 영향을 미치게 될 고통스러운 진실을 토해내면서 열심히 돌아가고 있었다. 언젠가는 호수가 다시 얼게 될까? 한 부족이 정말 세상을 더 나은 곳으로 만들고 지금 일어나는 변화의 방향을 바꾸는 지렛대 역할을 할 수 있을까? 마데 협동조합은 모든 이위베스퀼레 사람들이 겨울 스포츠와 게임으로 건강해지도록 할 긴 빙하기를 꿈꾸고 있다. 이위베스예르비 호수가 더 이상 얼음으로 뒤덮이지 않는다면 우리는 어떻게 고객을 유치해야 할까? 우리의 고아티는 수영하는 사람들을 위한 탈의실로 바뀌고 마는 것일까?

사미가 침묵을 깨트렸다.

"'이위베스퀼레에 얼음을!'이라는 문구를 4P 디스크에 쓰는 겁니다. 그건 진짜 제품이 될 수 있어요. 우리 부족에게 그건 기후변화를 저지하고 이곳 이위베스퀼레에서 계속 겨울다운 겨울을 보낼 수 있도록 하자는 슬로건이자 마케팅 캠페인이에요. 새로운 아이스링크를 짓자는 얘기가 아니에요. 우리는 천연 얼음을 원해요! 경기장의 물을 얼리는 건 의미 없는 일이죠. 앞으로는 JYP 하키팀(이위베스퀼레 지역을 연고로 하는 핀란드 최상위 리그의 아이스하키팀-옮긴이)이 천연 얼음 위에서 경기를 하게 만들자고요. 팀 전체가 진정한 '생태적 겨울'을 즐기는 사람들의 부족에 합류할 수 있을 거예요. 인공 얼음은 이제 더 이상 필요하지 않아요. 유지하는 데 에너지가 필요하고 기후변화를 가속화하니까요."

"도대체 왜 이위베스퀼레 사람들은 겨울 휴가기간에 라플란드나 남쪽으로 가는 거죠?" 살라가 큰 소리로 말했다. "휴가를 보내는 데 필요한 모든 게 바로 여기에 있어요. 그러니까, 이위베스퀼레에 얼음을! 차로 북쪽으로 올라가거나 비행기로 남쪽으로 가는 게 얼마나 큰 낭비입니까! 코타카빌라에 온 것을 환영해요!"

"'이위베스퀼레에 얼음을! 걸어서 출근해요'라고 써 붙인 양털 모자를 만들어서 나누어주는 거예요. 자동차 와이퍼 같은 데다 끼워두는 거죠." 토미가 말했다. "천연자원을 아끼고 배기가스를 줄이면 많은 얼음을 얻을 수 있다고 마을 사람들 전부를 설득하는 거예요. 그리고 고아티에서는 더 이상 장작을 태우지 않을 겁니다. 대신 연기가 나지 않는 깨끗한 천연가스를 사용해요."

마케팅 마법 공식 기계는 그런 활동의 효과를 증명했다. 이제 그것은 코타카빌라의 마케팅을 새롭고 놀라운 은하계로 쏘아 올렸다. 나의 두뇌는 더 이상 그런 말의 향연을 버틸 수 없었고 기계의 영향권에서 벗어나고자 허락을 구했다.

"그럼 이 계획에 대해 비밀을 지킨다고 맹세해야 해요. 그건 마케팅 혁명을 일으키면서 또 한편으로는 세계를 구하는 우리 팀의 성공 사례가 될 거예요."

사미가 말했다.

나는 아무에게도 그 계획을 알리지 않을 것을 약속했다. 팀만의 아주 은밀한 비밀로 두도록 한 것이다.

"고딘은 누구나 생각이 비슷한 사람들을 연결하는
움직임을 촉발해서 놀라운 일들을 성취할 수 있다고 말하죠.
어떤 집단이 부족이 되는 데 필요한 건 딱 두 가지라고 해요.
관심사와 소통 방식을 공유하는 거죠.
여기에 더해서 부족에는 항상 리더가 있어야 해요.."

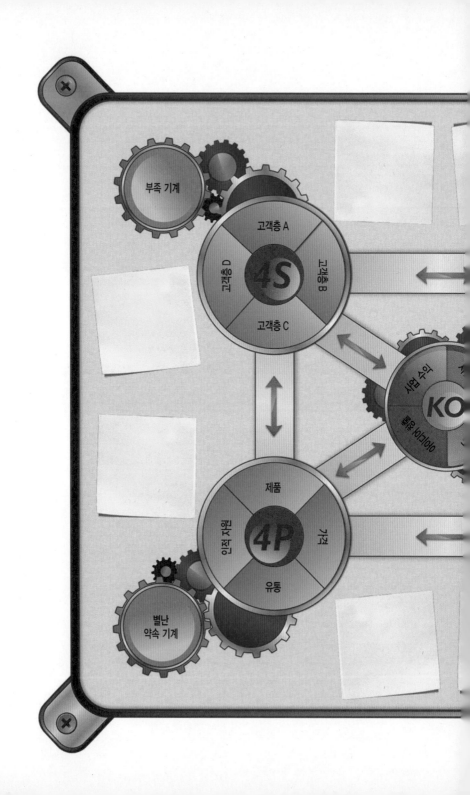

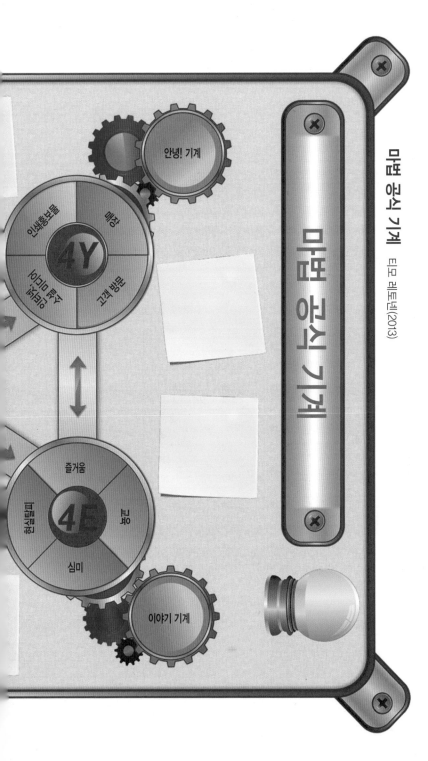

마법 공식 기계

마법 공식 기계 티모 페토넨(2013)

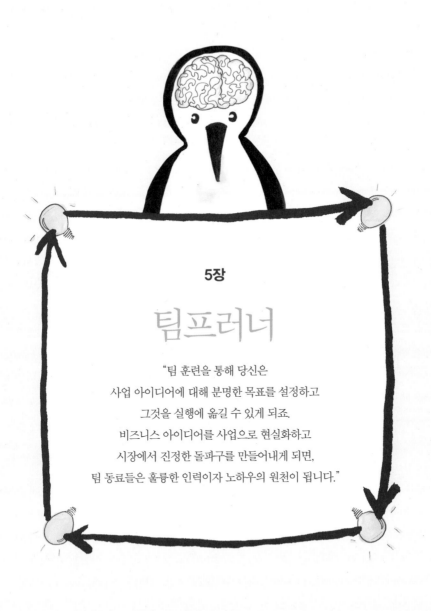

5장

팀프러너

"팀 훈련을 통해 당신은
사업 아이디어에 대해 분명한 목표를 설정하고
그것을 실행에 옮길 수 있게 되죠.
비즈니스 아이디어를 사업으로 현실화하고
시장에서 진정한 돌파구를 만들어내게 되면,
팀 동료들은 훌륭한 인력이자 노하우의 원천이 됩니다."

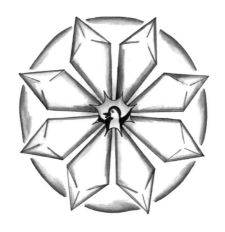

무더운 날이었다. 아침 내내 태양이 구름 한 점 없는 하늘에서 내리쬐었지만, 이제는 솜처럼 희고 작은 구름 조각들이 호수 위에 떠 있다. 카약을 타는 도중에 몇 번씩 쉬면서 몇 군데 섬에 올랐다. 나는 절벽에서 다이빙하는 것과 수면보다 훨씬 더 차가운 깊은 물 속에서 수영하는 것을 좋아한다. 나는 구명조끼를 입은 채 몸에 힘을 빼고 물이 떠받쳐 주는 대로 둥둥 떠다니기도 했다. 서두를 것이 전혀 없었다. 까맣게 그을린 주전자를 불 위에 올려 커피를 끓였다. 저녁이 된 지금, 나는 풀라베시 호수에서 보트를 타는 사람들을 위해 마련된 섬의 한 야영장에서 야영을 하고 있다.

야영장에는 잘게 팬 장작과 텐트를 칠 공간, 작은 야외화장실이 있다. 나는 해안에서 좀 멀리 떨어진 곳에서 매트리스처럼 깔린 이끼 위에 텐트를 쳤다. 부드러운 이끼 덕분에 사실 매트가 필요 없었다. 짧은 여름휴가의 세 번째 밤이다. 월요일에 카약으로 시작하여 한 주를 온전히 여기에서 보낼 예정이었다. 6월과 7월은 내가 팀의 여름 프로젝트에 매진하는 동안 빠르게 지나가버렸다. 24시간 꼬박 일한 날도 꽤 있었고 가끔은 주말 내내 일하기도 했지만, 지금은 휴가를 즐길 시간이다! 티미아카테미아에서 도전적인 한 해를 보낸 몸과 마음은 회복이 필요했고, 나의 경험은 무르익어 생각과 통찰, 기억으로 발전하기 시작했다. 이를 위해서 나는 혼자만의 시간이 필요했다.

희한하게도 티미아카테미아와 팀에 대한 생각이 내가 가는 곳마다 따라다닌다. 여기서도 마찬가지다. 그 생각은 나의 무의식 깊은 곳에 있다가 마치 누가 줄로 확 끌어올리는 것처럼 갑자기 의식 위로 올라온다. 그러고는 다시 가라앉아서 사라진다. 아마도 티미아카테미아와 그곳 사람들은 현재 내 삶의 가장 상위에 자리 잡고 있는 모양이다. 세월이 흐르면 그 상위는 틀림없이 뭔가 다른 것이 차지할 것이고, 지나온 세월은 노하우, 역량, 태도, 사물과 상황과 사람들에 대한 나의 사고방식으로 자리 잡아 나를 따라다닐 것이다. 더할 것도 없이 내가 늘 바라던 바로 그 삶이다.

나는 목이 잠길 때까지 물속으로 걸어 들어가서 머리만 내놓고 있었다. 수평선 저 너머에서 카약을 탄 사람 하나가 내가 있는 섬을 향해 곧바로 다가오는 것이 보였다. 그쪽에 해가 낮게 떠 있어서 처음에는 공중에서 교대로 둥근 물보라를 만들어내는 노의 날만 알아볼 수 있었다. 노는 아무 소리도 내지 않고 매끄럽게 물을 헤쳤다.

낯선 이의 노 젓는 솜씨는 훌륭했다. 팔만 사용하는 것이 아니라, 명치 위쪽의 몸 전체를 노 젓는 방향으로 비틀고 반대쪽 다리로는 스프레이 스커트 아래에서 카약의 균형을 지지하고 있었다. 그는 속도를 높이기보다는 저항을 최소화하면서 카약이 선체 속도로 물 위를 미끄러져 나아가도록 하고 있었다. 뱃머리는 유유히 호수의 잔잔한 수면을 갈랐다. 카약에 탄 사람이 내 몇 미터 옆을 미끄러지듯 지나가면서 친근하게 인사를 할 때도 나는 그가 누구인지 알아볼 수 없었다. 그가 쓴 선명한 노란색 야구모자는 햇볕에 탄 그의 피부와 주황색 구명조끼와 잘 어울렸다. 길고 숱이 많은 금발은 햇빛에 바랬는지 회색 머리카락이 여기저기 보였다. 두어 번 강하게 노를 젓자 카약은 모래 위로 미끄러져 올라왔고 그는 발을 적시지 않고 내렸다.

우리는 우리가 한 여행에 대해 이야기를 나누었다. 그러면서 둘 다 긴 여정을 지나왔고 먹을 것이 별로 없다는 걸 깨달았다. 나는 석유 버너와 주전자, 감자 2킬로그램을 갖고 있어서 불에 소시지를 굽고 감자 몇 개를 삶자고 제안했다. 내 제안은 그럴듯했지만, 그는 자기 카약에 더 좋은 것이 있다고 했다. 그는 오후에 잡은 1킬로그램짜리 민물송어를 꺼냈다. 이 아름다운 생선을 씻는 데는 얼마 걸리지 않았다. 곧 판자에 나무못으로 고정한 생선살을 불에 천천히 구웠다. 또 석유 버너의 센 불로 감자를 삶았다.

"당신은 티미아카테미아에서 왔죠?"

갑자기 그가 물었다.

"네, 맞아요. 이제 막 1학년을 마쳤고 2학년이 무섭게 다가오고 있죠. 어떻게 아셨어요? 제 말은, 아직 제대로 통성명도 못 했는데 말이죠. 혹시 제 이마에 보이지 않는 도장이라도 찍혀 있나요?"

내가 대답했다.

그가 웃으면서 생선을 잔불에 더 가까이 옮기고는 돌멩이로 판자를 받쳤다.

"저도 맞춰볼게요." 내가 낯선 사람을 찬찬히 살피며 말했다. "당신은 카약을 아주 잘 타고, 여행가에다 야외활동을 즐기는 사람이죠. 여름을 해가 쨍쨍한 야외에서 지낼 수 있다는 건 알겠어요. 그렇지만 이게 당신에 대해 말할 수 있는 전부네요."

내가 한 말은 모닥불 연기와 함께 어정쩡하게 떠다니는 듯했다. 바로 대답하지 않고 뜸을 들이던 그가 마침내 입을 열었다.

"나는 코치예요."

지금껏 그를 본 적이 전혀 없으니 분명 우리 티미아카테미아의 코치는 아니었다. 나는 어떻게 대화를 이어가야 할지 몰랐다. 그러다 수준 높은 질문 하나가 생각났다.

"대문자 C로 시작하는 코치인가요, 아니면 소문자 c로 시작하는 코치인가요?"

"훌륭한 질문이지만, 대답하고 싶지는 않군요. 당신이 직접 결정해야 해요."

그가 말했다.

큰 버터 한 덩이, 삶은 햇감자, 딜이라는 향신료 조금, 굵은 바다 소금으로 간을 한 판자 위의 송어 한 조각. 천국의 맛이었다. 나는 맛을 즐기면서 허기를 달래려고 한 술 한 술 천천히 배를 채우려 했지만, 결국 배가 차지는 않았다. 프랑스산 와인은 앙제의 포도원에서 산 것이었다. 포도나무 재배자는 달이 뜬 한밤중에 일어나 조심스레 지하 저장고로 가서 와인 병들을 정해진 만큼 정교하게 돌려놓는다. 그래야 와인이 제대로 숙성되고 그곳 특유의 맛을 지니게 된다. 한때 그 마을에 티미아카테미아가 있었지만 스트라스부르로 옮겨 다시 문을 열었다. 와인은 수면보다 낮은 카약 바닥에서 하루종일 여행한 덕분에 완벽한 온도로 차가워져 있었다. 해산물로 저녁 식사를 마친 후 우리는 모래 위에 앉아서 딸기를 먹었다. 밤에는 추웠기 때문에 코치는 커다란 양털 스웨터를 입었는데 행복한 인어처럼 말쑥해 보였다.

팀프러너의 파워 필드

"티미아카테미아에서 당신이 불가사리나 만다라 무늬처럼 보이는 팀프러너의 파워 필드 같은 것 안에서 생활하고 있다는 생각을 해본 적은 없나요?" 그가 물었다. "여덟 개의 꼭지점이 있고, 마주보는 꼭지점이 짝을 이루어서 서로에게 에너지를 주는 것 말예요."

나는 그가 모래 위에 여덟 개의 꼭지점으로 된 큰 별 모양을 그리는 것을 유심히 지켜보았다.

"첫 번째 짝에서 한 꼭지점은 개인이고 반대쪽은 팀이에요."

"팀이 되려면 정말 많은 시간과 도전을 함께해야 한다는 건 경험으로 알고 있겠지요? 용기를 주는 성공과 쓸쓸한 실패가 중요한 이유가 그거예요. 일과 감정이 없다면 팀은 점차 퇴보해서 그저 수다 떠는 친구들 모임이 되어버리고 말아요. 그런 경우에 개인들은 어떤 것에도 진정으로 헌신하지 않고 자신들의 이해관계에 맞아떨어질 때에만 적극적으로 나서죠."

코치가 말했다.

"팀에 얼마나 많은 시간을 할애해야 하나요? 팀의 목표를 이루는 데 얼마나 확고하게 헌신해야 하죠?" 하고 내가 물었다.

"팀의 성과는 구성원 각자가 얼마나 헌신하느냐에 달려 있어요." 코치가 대답했다. "종종 좋은 팀플레이어나 생산적인 일꾼으로 가장할 줄 아는 가짜 팀원들이 있는데요, 그들은 실제로는 무임승차를 하는 거죠. 그들 가운데는 사교성이 좋은 사람도 종종 있지만, 실제로는 개인플레이를 하고 개인적인 이해와 이익에서 동기를 얻어요. 당신은 그런 가짜 팀원들을 알아내고 그들의 진짜 동기를 드러내야 해요."

"시간이 지나면서 처음에는 조용하고 수줍고 내성적인 것 같던 팀원들이 아주 사회적이고 헌신적인 팀플레이어일 수 있다는 걸 알게 되었어요." 내가 말했다. "수다스러운 사람들이 많은 자리를 차지하지만, 오히려 견실하고 말수가 적은 일꾼들이 많은 일을 해낼 뿐 아니라 매우 전문적이고 부지런한 팀플레이어가 될 수 있어요. 처음에 저는 팀워크가 아주 매력적인 이유가 무엇인지 궁금했어요.

혼자 일하는 것이 훨씬 쉽고 결과도 더 좋다고 하는 사람들이 많지요. 우리 팀이 종종 비효율적이고 많은 것을 달성하지 못하는 것도 알고 있고요."

"바로 그겁니다. 여기 가운데에 개인이 있고, 실행과 독서를 통해 배우려는 개인의 개인적인 열망이 있죠.. 바른 태도를 가진 사람들이 함께 모여 만든 팀은 최상의 경우 개인들의 성과를 합친 것보다 훨씬 더 많은 성과를 이루죠. 물론 최악의 경우에는 팀이 아무런 성과를 내지 못할 수도 있어요. 알력과 형편없는 조직이 비효율성을 불러일으키는 집단 현상이 있는데, 팀의 초기 단계에서 종종 볼 수 있어요."

코치가 말했다.

"그래서 우리는 개인과 팀 모두가 상생할 수 있는 균형을 찾고 있어요."

내가 생각을 요약해서 대답했다.

**"두 번째 짝에서 한 꼭지점은 이론이고 반대쪽은 실행이에요.
당신이 책에서 배우는 이론과 가르침, 그리고 실행을 통해
실무적인 역량을 얻을 수 있는 거죠."**

"제 코치가 이론은 학습에서 중요한 역할을 한다고 했죠." 하고 내가 말했다. "코치는 체계적인 독서 프로그램을 통해서 새로운 관점

과 생각을 열어주는 구체적인 지식을 공부하는 것이 좋다고 했어요."

"그렇지만 이론은 실행에 적용될 때까지는 살아 움직이거나 행동의 원동력이 되지 않아요. 실행이야말로 당신이 읽은 것을 실제로 적용할 수 있도록 해주고 당신의 업무 능력을 개선시키죠. 당신의 학습 수준이 2단계로 올라가는 겁니다."

나의 이 새 친구는 우리 모두가 120 북포인트를 목표로 하는 야심찬 독서 프로그램에 참여하고 있다는 이야기를 들었다고 했다. 그건 꽤나 도전적인 목표였다.

"그 북포인트 목표가 지식과 학습에 네 가지 다른 형태와 영역, 관점이 있다는 노나카와 다케우치의 지식 이론의 일부라는 것을 들어본 적이 있나요? 그 이론은 학습에 깊이를 더해주고 지식이 다양한 특성들을 갖도록 하죠."

코치가 물었다.

나는 여전히 이 '샴 쌍둥이'와 그들의 이론이 조금 낯설다. 하지만 나는 우리 각자가 공부를 하기 전에도 이미 여러 분야에서 암묵적인 지식과 전문적인 노하우를 얻었음을 알고 있다. 그렇지만 우리는 여전히 거의 아무것도 없는 상태에서 시작하곤 한다. 팀원들의 믿음과 정신모형 또한 여전히 숨겨져 있다.

"전통적인 학교들과 비교했을 때 티미아카테미아에서의 학습 영역이 광범위하고 도전적이라는 것을 알고 있었나요?" 하고 코치가 물었다. 그는 우리의 대화에 조금 신이 난 듯했다.

"네, 실행과 경험 모두가 중요하죠. 우리의 역량과 지식은 초기 단계에서 많은 논의가 이루어지는 홈베이스인 사무실에서 처음으로 드러나죠. 그러나 내 경험으로 보면 방향을 찾고 서로에 대해 이해하는 상호작용은 여전히 제대로 이루어지지 않는 것 같아요. 이에 대해 어떻게 생각하세요?"

나는 이렇게 말하고는 과일 바구니에 마지막으로 남아있던 제일 큰 딸기를 집어 들었다.

"맞아요. 모든 팀에는 팀과 일, 비즈니스에서 다른 사람들보다 더 많은 지식과 경험이 있는 '달인'들이 분명히 있어요. 팀의 초기 단계에서는 그런 팀원들이 비공식적인 리더 역할을 하거나 의사결정에 영향을 미치지만, 그렇다고 그들이 반드시 팀 리더가 되거나 운영 그룹의 구성원이 될 필요는 없어요."

그가 말했다.

"트레이닝 세션에서 팀원들은 토론, 심사숙고, 비유, 이야기 등의 형식으로 좀 더 딱딱하게 지식과 경험을 공유해요." 내가 끼어들었다. "우리의 목표는 당면한 이슈에 대한 이해를 공유하고 창의적인 결론을 찾아내고 모두가 쉽게 이해할 수 있는 형태로 지식을 다듬는 거예요. 우리는 트레이닝 세션마다 메모를 하는데, 모든 팀원들이 각자의 학습 다이어리에 배운 것 가운데 가장 중요한 것들을 적어두죠."

"그게 티미아카데미아가 굴러가는 방법이지요. 지식의 이론적

틀을 만드는 것은 개인의 책임이에요. 내가 아는 한, 모든 팀원은 공부하는 동안 60~80권가량의 책을 읽어야 합니다. 난 그게 대단하다고 생각해요."

코치가 말했다.

"저는 독서가 그다지 어렵지는 않아요. 좋은 책을 찾아내는 건 쉬운 일이고 그런 책은 대부분 아주 재미있어요. 저에게 가장 어려운 일은 그런 책을 읽고 에세이를 쓰는 거예요. 에세이는 새로 얻게 된 생각과 아이디어를 성찰하는 개인적인 기록이 되어야 한다고들 하죠. 저 스스로가 제 글에 대해 너무 비판적이어서 그런지 모르겠지만, 누구나 티미아카테미아 에세이 저장소에서 제 글을 읽을 수 있다는 사실이 정말 곤혹스러워요. 학습자들은 다른 사람들의 에세이를 읽고 코멘트도 많이 해요. 독서 클럽에서도 코멘트를 기록하고 같이들 읽죠."

내가 말했다.

"저, 이봐요, 성찰적인 글쓰기를 배울 수 있는 유일한 방법은 글쓰기예요." 코치가 말했다. "책은 훌륭한 사용자 인터페이스이지요. 책을 대체할 수 있는 건 아직 아무것도 없어요. 인터넷은 보완적인 정보의 원천으로 좋은 거지, 그게 유일한 것일 수는 없어요. 책은 대체로 당신이 '큰 그림'을 이해할 수 있도록 해주고 '왜곡되지 않은' 정보를 상당히 신뢰할 만한 형태로 제공하지요. 티미아카테미아만한 규모의 커뮤니티에서 다양한 형태로 쓰고 기록하는 귀중한 자료가 얼마나 많을지 생각해봐요. 게다가 그렇게 모인 지식에 누구나 접근할 수 있죠. 당신이라면 지식을 생산, 분석, 공유, 활용, 적용하는 학습 조직에 대해 제대로 이야기할 수 있고, 개인적인 이슈나 정보, 이론을 바탕으로 체계적인 실체를 만들어낼 수 있어요."

나는 빈 딸기 바구니를 쳐다보았다. 거기에는 더 이상 나눌 것이 없었지만, 코치는 더 나눌 이야기와 요약할 거리들이 있는 것 같았다. 그가 마술로 딸기를 만들어낼 수 없는 게 안타까웠다.

"에세이가 단지 책의 내용에 대한 성찰에 그쳐서는 안 돼요." 내가 말했다. "에세이는 습득한 지식이 팀 기업과 여러 프로젝트의 실행에 어떻게 적용되는지에 대해서도 담고 있어야 해요. 당신이 '이론과 실행'이라는 단어 쌍으로 하려는 이야기가 바로 그거란 걸 알겠어요. 우리도 그것을 다른 방식으로 시도해보았지요. 우리의 실제 경험을 바탕으로 고유한 이론과 모델을 만들면서요. 완전 재미있었어요! 한번은 몇몇 나이 많은 팀원이 프링글스 통과 나무막대, 종이 나선을 가지고 '해석학적 순환'을 위한 도구를 만들었어요. 막대가 종이 나선을 통과하고 나면 그것이 통 안으로 들어가는 거예요. 그건 자유롭지 못한 기업 문화에서 팀원의 리더십 역량이 변화하는 과정을 묘사해요. 팀원의 역량은 나선을 따라 더 높은 단계로 발전하지만, 새로운 단계에 도달할 때마다 팀원은 고질적인 같은 문제에 부딪히죠. 모델 만들기는 다른 이점도 있어요. 먼저 프링글스를 다 먹고 나무막대를 구해야 하죠."

코치가 배를 잡고 웃는 바람에 나도 계속 진지한 얼굴로 있을 수가 없었다.

"제 기억이 정확하다면, 닉슨이라는 남자가 그 모델을 만들었어요." 나는 조금 더 재미있는 사실을 알려주었다. "미국 전 대통령이 아니라 핀란드의 청소년 해머던지기 우승자죠!"

코치는 자기 모델을 시험해보느라 내 시간을 뺏은 것을 사과했다. 우리의 대화가 지난해 나의 생각과 경험을 정리하는 데 도움이 되었기 때문에 난 아무렇지도 않았다.

"세 번째 짝까지 왔는데, 아직 초저녁이네요.
내 생각에는 이 짝이 가장 재미있어요. 팀은 어떻게
팀원 각자의 창의성이 혁신으로 이어지도록 할 수 있을까요?"

"나는 혁신에 대해서, 그리고 커뮤니티에서 혁신이 이루어지도록 하는 것에 대해서 많은 생각을 했어요. 초기에는 팀원 각자가 비판에 매우 취약하고 민감하지만, 팀은 커뮤니티에서 혁신을 이루어내는 것에 아주 능숙해질 거예요. 보딜 옌손(2002)은 이것을 다음과 같이 아름답게 설명했죠.

'하나의 원칙이 물리학(혁신)과 시에 동일하게 적용된다. 즉, 어떤 어둠도 한 점 작은 빛을 이길 수 없다는 것이다.'

이 말은 여러 생각이 만나고 상호작용하는 곳에는 적용되지 않아요. 왜냐하면 종종 그러하듯이 어둠이 쉽게 빛을 눌러버릴 수 있기 때문이죠. 아이디어 가운데 두 종류는 어둠이나 황량함에 특히 취약해요. 하나는 이제 막 생겨나서 윤곽이 잡히자마자 수줍게 등장한 아이디어예요. 또 하나는 매우 도발적인 아이디어로, 용기가 없으면 큰 소리로 언급할 수 없는 아이디어지요. 이런 아이디어들은 많은 피드백을 통해 온전해져야 해요. 그렇지 않으면 저절로 사라져 버리지요."

코치가 말했다.

"아름다운 비유네요." 내가 말했다. "저의 창의성과 창조적 결과물이란 것들이 아주 개인적인 것이라고 느껴져요. 아이디어가 불면 쉽게 꺼져 버릴 작고 깜빡이는 불꽃이라는 건 아주 멋진 묘사예요. 그렇게 쉽게 꺼져 버릴 아이디어를 내는 건 누구에게나 있을 수 있는 일이지요. 다른 사람들에게 당신의 아이디어를 얘기하면, 아마도 사방에서 신랄한 검토와 비판을 받게 되겠지요. 뭔가에 열정이 싹터서 거기에 몰두하면서 용감하게 앞으로 한 발을 내디디면, 자칫 낙담하게 만들고 열정의 불꽃에 찬물을 끼얹는 일이 생길 수 있어요. 그렇지 않고 팀 전체가 나서서 그 작은 불꽃에 바람을 불어넣어 활활 타오르게 한다면 팀의 혁신이라는 최상의 결과가 나올 수 있고요."

"시작 단계에서 많은 팀원들이 자기 팀에서 펼쳐보고 싶은 비즈니스 아이디어를 가지고 있기도 합니까?"

코치가 물었다.

"네, 그런 경우도 가끔 있어요. 그렇지만 비즈니스 아이디어를 공유하는 건 쉽지 않아요. 그건 마치 나만 소중히 여기고 키우고 싶은 작은 아기와 같죠."

내가 대답했다.

"그렇지만 팀에서 일하면 당신의 전망이 넓어지지 않아요?" 그가 물으며 이어 말했다. "고통스러운 성장 과정을 통해 팀워크를 가로막는 내부의 장애물들이 극복되면, '나를 위한 생각'은 '우리를 위한 생각'으로 진화하죠. 당신의 꿈과 계획이 팀의 도움으로 실현될 수 있다는 걸 깨닫는 거예요. 팀 훈련을 통해 당신은 사업 아이디어에 대해 분명한 목표를 설정하고 그것을 실행에 옮길 수 있게 되죠. 비즈니스 아이디어를 사업으로 현실화하고 시장에서 진정한 돌파구를 만들어내게 되면, 팀 동료들은 훌륭한 인력이자 노하우의 원천이 됩니다."

"우리도 그 점을 많이 생각해봤어요." 내가 말했다. "팀 기업 안에서 팀프러너가 되는 법을 배우게 된다는 건 이해하지만, 누군가가 혼자 자기 비즈니스 아이디어를 실행에 옮기고 싶어 하면 완전히 새로운 상황이 돼요. 무엇보다 태도가 문제가 되는 거죠. 최고의 제품과 서비스가 연구자들의 방구석에서 만들어지는 경우는 드물어요. 우리 중에서 제품 개발에 투자할 돈이나 자원을 가진 사람은 거의 없죠. 팀의 지원으로 대단한 비즈니스 아이디어가 많이 나와 실행에 옮겨졌어요.

파누 레메스는 나무 그루터기 옆에 원형 판자들이 버려져 있는 걸 보고는 얇게 사선으로 자른 자작나무를 접시로 사용하는 아이디어를 떠올렸죠. 그 접시들은 대통령궁에서 타르야 할로넨 대통령이 국빈들에게 음식을 대접할 때 사용되기에 이르렀어요. 파리에서도 판매되었고요.

유카 하르티카이넨이 창립한 '무토스리메 오위(변화집단 주식회사)'의 탄생은 팀이 미켈리에서 처음으로 이루어진 대규모 슈퍼마켓 리노베이션을 돕는 일에서 큰 영향을 받았어요."

나는 또 다른 사례를 들었다.

"요한나 소일루의 '패션 유닛Fashion Unit'은 패션 데이 행사를 조직해서 전국적인 주목을 받았어요. 그 행사 콘셉트는 요한나와 팀원들이 실험을 해가며 만들었죠. 아누 만테레의 '제스트마크Zestmark(열정의 표식)'는 그녀가 개발한 훈련 프로그램으로 소외된 젊은 청년들을 돕고 있어요. 티미아카테미아 팀은 내부 설계와 의류 매장, 광고대행사, 스튜디오를 만들었어요."

"당신은 정말로 팀 안에서 일하는 개인이 동시에 자신만의 사업 아이디어를 펼쳐나갈 수 있다고 주장하는 건가요?" 하고 코치가 도전적인 말투로 물었다.

"네, 가능하죠." 내가 대답했다. "그렇지만 우리는 혼자서 사업을 운영하는 것이 팀과 함께 운영하는 것만큼 재미있지는 않다고 생각해요. 팀원은 자신의 아이디어를 둘러싼 딱딱한 껍질을 부수고 그 아이디어를 팀 안에서 공유해야 하죠. 그래야 다른 사람들이 도움을 주고 제각기 조언을 테이블 위에 올려놓을 수 있어요. 이 또한 개인의 사업 아이디어가 팀으로부터 추가적인 강한 자극과 에너지를 얻을 수 있는 특별한 파워 필드이에요. 팀 기업은 사업을 시작할 수 있는 좋은 플랫폼을 제공하죠. 이 경우 개별 팀원의 사업 아이디어는 방해물이 아니라 자원이에요."

"이제 마지막 짝에 이르렀네요.
열정적으로 잠깐 시도해보는 것이 어떻게 진짜 비즈니스를 만들어내죠?"

"티미아카테미아에 있는 팀프러너들은 모든 것에 신이 나서 용감하게 손을 대지 않나요?" 코치가 말했다. "그렇지만 당신의 작업이 과연 단순한 맛보기 이상의 무엇인지 종종 궁금했지요. 정말로 무엇인가를 이루어내고 있는 건가요? 쾌적한 시설에서 시간을 보내고, 인터넷 서핑을 하고, 미래의 프로젝트를 위해 브레인스토밍을 하고 대단한 계획을 세우는 것이 꽤나 매력적인 일이라는 생각이 들어서 말이지요."

그건 분명히 맞는 말이다. 편안한 곳에 머무는 것은 좋은 일이다. 불편한 곳에서 경험하는 건 스트레스와 무기력함뿐이지만 티미아카테미아의 환경은 그렇게 나쁘지 않다.

"뭐, 그건 분명 현실적인 위험이에요. 거기 있는 빈백들은 아주 안락하죠. 그렇지만 우리 코치는 팀이 해야 할 과제를 아주 철저하게 설명해요. 우리는 좋은 결과를 얻는 방법을 알죠. 우리는 조직적으로 일해야 해요. 누가 나서서 계획을 제안하면 다 함께 그 다음 단계의 일을 펼쳐나가야 합니다. 대화를 많이 나누어야 모든 팀원이 프로젝트를 이해하고 헌신하게 되죠. 우리는 다음과 같은 순서로 일을 진행해요.

    1. 팀원의 새로운 계획이나 훌륭한 아이디어

    2. 아이디어를 실행 가능한 것으로 발전시키기

    3. 업무를 조직하고 계획하기 : 일정, 과제, 책임

    4. 생산과 시험

    5. 관리와 모니터링

    6. 개선과 제품 개발

    7. 반복

추가로, 팀에는 예산과 재무를 담당하는 사람이 늘 있어요."

"당신들은 실제로 이 목록에 따라 일을 진행할 정도로 훈련이 되어 있나요?" 하고 코치가 물었다.

"뭐, 업무가 항상 그 순서대로 정확하게 진행되거나 우리가 모든 과제를 성공적으로 해낼 수 있다는 말은 아니에요." 내가 대답했다.

"몇몇 아이디어는 아예 진행도 못 해보고 사라져요. 어떤 아이디어들은 계획 단계까지 갔다가 무산되고, 프로젝트나 제품, 서비스 아이디어들 중 소수만 실행에 옮겨져서 시험 단계까지 가죠. 기업의 세계란 게 그렇게 돌아가는 거니까요. 커뮤니티와 팀의 지원이 있어서 온갖 종류의 일을 용감하게 실험할 수 있다는 게 우리의 강점이에요. 실험을 권장하고 실패는 과정의 일부로 여기는 겁니다."

나는 호수를 건너다보았다. 한 주민이 미끼를 끌면서 노를 저어가고 있었다. 호수는 거울처럼 고요했다. 여기저기 힘차게 뛰어오르는 물고기들이 수면을 흔들었다. 물고기 몇 마리가 튀어 올랐다가 옆으로 떨어지면서 첨벙하는 소리가 작게 들렸다. 가까운 섬에 있는 오두막과 사우나 굴뚝으로는 연기가 피어올랐다. 사우나에서 나와 더운 김을 내뿜는 사람들이 부두에서 호수로 뛰어들어 잠시 첨벙거리다가 다시 사우나로 되돌아갔다. 사우나 안에서 나뭇가지로 몸을 치는 소리가 들려왔다. 코치가 피에 굶주린 모기 두 마리를 한 방에 잡으며 만족스러워하면서 이렇게 물었다.

"당신은 팀의 재무에 대해선 얼마나 잘 알죠? 기장과 회계를 배웠나요? 아니면 사업 규모가 너무 작아서 아직 그럴 필요가 없나요?"

"우리 사업은 그렇게 작지 않아요. 그건 확실하죠." 내가 말했다. "작년에 우리는 200만 유로라는 매출 목표를 초과달성했고, 올해는 모든 티미아카데미아 팀의 총 매출이 증가하고 있어요. 사람들이 우리의 재무 노하우를 의심하는 이유를 모르겠어요. 모든 제품과 서비스에 가격을 매겨야 하죠. 부가가치세도 계정에 넣어야 하고요. 우리는 청구서를 작성하고 수금하는 법을 배웠어요. 예산 수립과 지출에 대한 감사도 문제될 것이 없어요. 우리는 사업을 건실하게 운영하고 저축하는 법을 알고 있죠. 팀과 프로젝트라는 두 차원에서 예산을 수립하고 현금 흐름을 모니터링해요. 회계법인과 함께 재무제표를 준비하고요. 임금을 지불하고 세금을 원천징수하는 방법도 알고 있어요. 배울 것이 많지만, 우린 재정적인 위기 상황에서도 살아남았어요. 안 그랬으면 어떻게 많은 팀이 세계여행을 다녀올 수 있었겠어요?"

"훌륭해요." 코치가 외쳤다. "오늘 저녁에 나눈 이야기를 바탕으로 나는 기꺼이 당신이 첫 번째 시험을 통과했음을 인정합니다. 이제 펭귄 단계를 마쳤다고 선언해도 되겠어요. 당신은 이제 팀프러너이고, 모든 분야에서 사용할 수 있는 파워 필드가 당신에게 열리고 있어요. 그것이 어떻게 작동하고 또 그것을 어떻게 사용할지도 이미 알고 있고요. 그렇지만 평생에 걸쳐 학습을 하는 것이 항상 파워 필드의 핵심임을 기억해야 해요."

나는 깜짝 놀라 멍해졌다가 정신을 차리고는 물었다.

"이게 1학년말 시험이었다고요? 그렇지만 티미아카테미아에는 시험이나 강의, 선생님이 없잖아요."

코치가 곧바로 대답했다.

"없지요. 그게 우리가 서로 우연히 만나 개인적인 차원에서 함께 생각하고 성찰하는 법을 배우는 이유예요."

해가 호수 너머로 지면서 점점 어둑어둑해졌다. 나는 하루 종일 카약을 탄데다 저녁 시간에 깊은 대화를 나누는 바람에 완전히 지쳐버렸다. 신비에 싸인 코치가 나에게 한 가지를 더 보여주고 싶어 했다. 우리는 호숫가에서 일어났다. 그는 자기 카약에서 기름 램프를 꺼내 기름을 채우고는 긴 성냥으로 불을 붙였다. 노란 불빛은 따뜻했다. 나는 코치가 걸어가는 대로 호숫가 바위 사이를 조심스럽게 따라갔다. 섬의 가장 높은 곳으로 이어지는 길이 나타나자, 그는 익숙한 길인 듯 발이 거의 땅에 닿지 않을 정도로 빠르게 걸었다. 내가 언덕 꼭대기에 다다랐을 때 그는 이미 큰 바위 옆에 서서 호수를 바라보고 있었다.

"저기 거의 보이지 않을 정도로 아주 높이 날고 있는 갈매기가 보이나요?" 그가 물었다. "그냥 깜깜한 하늘에 있는 작은 점 같네요."

나는 수평선을 살펴봤지만 갈매기를 볼 수 있을 것 같지는 않다는 생각이 잠시 들었다. 그런데 하늘에 있던 작은 점 하나가 갑자기 물을 향해 곤두박질치더니 물에 부딪히기 직전에 날개를 쫙 펴고 수평 비행을 하면서 물고기를 낚아챘다.

"우리는 저 새를 갈매기 조너선 리빙스턴이라고 부르지요. 그 갈매기는 항상 혼자 날고 혼자 물고기를 사냥해요. 진정한 사냥의 달인이죠."

코치가 말했다.

그는 티미아카테미아의 학습자들이 이전에 이 섬을 방문한 적이 있다고 말했다. 수년 전, 어느 그룹이 카약으로 여기까지 노를 저어 와서 저녁에 이 언덕을 올라 해가 지는 풍경을 보며 감탄했다는 이야기였다.

"티미아카테미아 사람들은 여행을 하는 중에 바위에 중요한 인물 이름을 붙이는 습관이 있어요." 그가 말했다. "예를 들면, 티미아카테미아의 유럽 대사인 에티엔 콜리뇽은 스웨덴의 케브너카이저에 자기 바위가 있어요. 요한네스는 그 장소를 '꼭대기'라고 묘사했죠. 레토넨 코치의 이름은 올란드 섬에 있는 카스텔홀마 성벽 어느 돌덩어리에 붙었죠.

그리고 짐작할 수도 있었겠지만, 기름 램프를 올려놓은 이 바위는 요한네스 파르타넨의 이름을 땄어요."

그는 연이어 놀라는 내게 이어 말했다.

"저 바위틈에 작은 두루마리가 있어요. 그걸 가져가되 내일 아침까지 풀어보지 마세요."

나는 바위 아래 작은 틈에 손을 넣어 잘 말아서 봉인한 작은 종이를 발견했다. 우리는 밤의 고요함 속에 서 있었다. 마침내 우리는 흐릿하게 깜박이는 기름 램프 불빛으로 길을 밝히며 캠프로 돌아왔다. 내려오는 발걸음은 돌이나 나무뿌리를 피하느라 더듬더듬 조심스러웠다.

마침내 우리는 이끼가 깔린 야영장으로 되돌아왔다. 코치는 아침 바람이 들이치지 않도록 절벽 가까이에 작은 텐트를 쳤다. 우리는 포옹하고 서로의 어깨를 두드려주었다. 환상적이었던 여름날의 저녁은 조금씩 밤의 소리에 묻혀갔다. 나는 침낭으로 들어가서 잠에 빠져들었다.

선선한 밤이 지나고 해가 떠올랐다. 텐트의 습기를 증발시킨 해의 따뜻한 기운이 자고 있는 팀프러너를 향해 점차 내려오기 시작했다. 눈꺼풀 사이로 줄무늬, 반원, 원으로 가득한 부드러운 빛이 보였다. 일어날 시간이었다. 텐트 입구로 나왔는데 코치의 텐트가 보이지 않았다. 텐트가 있던 자리에 가서 확인해보았지만, 이끼 위에는 사람이 자고 간 흔적이 보이지 않았다. 나는 호숫가로 달려갔다. 내 카약은 여전히 어제 오후에 정박시켜 둔 그대로였다.

어제는 분명 그 코치가 타고 온 카약의 뱃머리가 모래 쪽에 올라와 있었는데 말이다. 다른 방문자의 카약이 있었던 흔적이라고는 전혀 없었다. 우리가 앉아서 팀프러너의 파워 필드에 대해 이야기하던 자리는 말끔했고 그림도 사라지고 없었다.

나는 완전히 당황해서 텐트로 돌아와 누웠다. 나는 둘이서 나누었던 이야기, 그리고 작년 한 해 동안 나에게 일어났던 일들을 이해해보려고 애썼다. 그러던 중에 바위 아래에서 찾은 두루마리가 생각났다. 그 두루마리를 펴서 거기에 적혀 있는 글을 여러 번 읽었다.

"2018년 1월 19일 티미아카테미아,
글로컬하게 폭발하는 4.0. 변혁적 팀프러너."

　나는 이 종이를 가을에 코치^{coach}들에게 가져가려 한다. 그들이
라면 이 수수께끼 같은 메시지를 이해할 것이다. 그렇지만 그 '코치
^{Coach}'와의 우연한 만남에 대해서는 말하지 않는 편이 좋을 것 같다.
그래, 그 코치, 대문자 C로 시작하는 코치 말이다. 게다가 누가 그런
코치의 존재를, 그리고 이 모든 이야기를 믿겠는가.

팀프러너의 파워 필드

© 티모 레토넨(2013)

개인

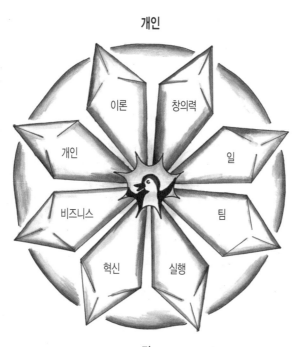

팀

티미아카테미아,
핀란드와 스페인을 거쳐 한국으로

2019년 11월 초, 핀란드 티미아카테미아에서 이 책의 저자인 티모 레토넨을 만난 날이었습니다. 우리는 JAMK 대학에 있는 편안한 분위기의 식당에서 함께 점심식사를 했는데 그때 티모가 펼쳐 보여준 그림 노트를 잊을 수가 없습니다. 티모는 팀코치로서 다양한 팀을 만나면서 얻은 통찰을 그림과 함께 기록해 놓고 있었습니다. 그 그림들은 현장에서 발굴해낸, 살아있는 이론 그 자체였습니다. 짧은 순간이었지만 티미아카테미아를 느꼈습니다. 이곳 학생들이 '학생'이라고 불리지 않는 이유를 알 수 있던 순간이기도 했습니다. 팀과 함께 대화를 나누고, 현장에 나가 체득한 경험을 공유하며, 책과 이론들에서 지식을 습득하여 다시 실전에 적용하는 과정을 티모의 그림 노트를 통해 한눈에 볼 수 있었습니다. 마주앉아 함께 점심식사를 하던 팀프러너가 새삼스럽게 보였습니다. 그러고 보니 그는 자신이 요즘 진행하는 프로젝트에 대해서 끊임없이 이야기하면서 처음

만난 우리에게도 계속 질문하고 있었습니다. 마치 이 책에 나오는 펭귄이 바로 앞에 있는 느낌이었습니다. 펭귄은 허구의 인물이 아니며 티미아카테미아의 교육 방법이 결코 방법론에 그치지 않는다는 것을 눈으로 보고 믿게 되었습니다.

티미아카테미아의 교육 방법이 한국에 본격적으로 도입된 것은 스페인 몬드라곤 대학Mondragon University의 팀창업교육 프로그램인 몬드라곤 팀 아카데미(이하 MTA)를 통해서입니다. 몬드라곤 대학은 8만여 명이 함께 근무하는 세계 최대 규모의 노동자협동조합Workers Cooperative 인 몬드라곤 그룹Mondragon Cooperative Corporation이 설립한 고등교육기관입니다. 더 많은 사람들에게 안정된 일자리를 제공하기 위해서 몬드라곤 대학은 개인과 팀의 역량 강화와 신사업 개발을 위한 교육을 꾸준히 진행해왔습니다. 하지만 글로벌 금융위기를 겪으면서 몬드라곤 대학도 시대의 변화에 맞게 새로운 인재를 양성하고 새로운 사업을 개발하기 위한 혁신적이고 창의적인 교육 방법이 필요하게 됩니다. 그래서 2009년 몬드라곤 대학에서는 핀란드 티미아카테미아의 교육 방법을 도입해 MTA를 시작합니다. 이후 MTA는 스페인에서부터 중국과 멕시코, 미국 등 다른 나라로 퍼져나가면서 수많은 팀 체인지메이커Team Changemaker들을 양성하며 청년 실업 문제를 해결할 뿐만 아니라 사회에 긍정적인 영향을 미치는 비즈니스 프로젝트를 진행하고 있습니다.

한국에서는 2015년 성공회대에서 처음으로 티미아카테미아의 교육 방법이 도입되었습니다. '팀창업입문'이라는 교양수업으로 시작된 이 실험은 이후 고등학생, 협동조합 경영자, 청년 예비창업가 등 다양한 사람들을 대상으로 이어지게 됩니다. 그리고 2016년부터는 몬드라곤 대학과 지속적인 관계를 이어오던 HBM을 통해서 MTA 프로그램이 본격적으로 한국에 도입됩니다.

MTA는 팀창업 프로그램으로 한국에 소개되었지만 아쇼카한국에서 진행하는 '미래를 여는 시간(미여시)'을 통해 수많은 교육혁신가들을 만나면서 새로운 국면을 맞이하게 됩니다. 이 모임을 통해 MTA가 활용하는 교육 방법과 추구하는 새로운 인재상을 비단 창업교육뿐만 아니라 대한민국 교육 전반에 적용할 수 있는 가능성을 발견하게 됩니다. 이로써 티미아카테미아의 새로운 교육 방식과 MTA 프로그램에 관심을 가지게 된 대학교수, 현직 중고등학교 교사, 교육 혁신가들이 MTA KOREA 프로젝트에 합류합니다. 그리고 2017년 계원예대와 성균관대에서 MTA 체인지메이커랩이라는 이름으로 MTA KOREA의 첫 공식 프로그램을 진행하게 됩니다. 이후 MTA KOREA는 전국을 돌며 다양한 파트너 기관들과 수많은 프로젝트들을 진행하면서 1,000명이 넘는 사람들을 만났고 한국 사회에 적용할 수 있다는 것을 검증해왔습니다. MTA는 때로는 새로운 교육 방법으로, 때로는 혁신적인 창업 프로그램으로 소개되어 왔습니다. 하지만 결국 교육과 비즈니스 현장은 떨어질 수 없

으며 실전을 통한 교육이 일어날 때 교육적 효과와 비즈니스 결과
가 동시에 일어날 수 있음을 확인할 수 있었습니다.

이러한 경험을 통해 MTA KOREA팀은 티미아카테미아의 교육
방법과 몬드라곤 그룹의 비즈니스 경험이 가장 잘 적용되어 있는
LEINN^{Leadership, Entrepreneurship, INNovation}에 주목하게 되었습니다. LEINN은
스페인 몬드라곤 대학의 MTA 학사과정으로, 현재 국제반 과정에
한국인들이 입학한 지 4년이 지났습니다. 그리고 한국에서 'LEINN
서울'이라는 이름으로 서울 과정이 2020년 9월부터 시작합니다.
LEINN 서울은 핀란드 티미아카테미아에서 시작된 새로운 교육 방
법이 한국 사회에서 어떻게 적용되는지 확인할 수 있는 중요한 학
습의 장이 될 것입니다. 현직 대안학교 교사, 대학 외래교수, LEINN
서울 팀코치가 함께 이 책을 번역하는 프로젝트를 진행해오면서 한
국의 대학교육뿐 아니라 대안학교를 포함한 중등교육에도 이 새로
운 교육 방법이 어떻게 적용될 수 있을지 탐구할 수 있는 기회가 되
리라 기대합니다.

핀란드 티미아카테미아의 학습방법론이 스페인 MTA를 거쳐 한
국을 만난 지 이제 6년이 되었습니다. 'LEINN 서울'이 시작되면서
한국인 펭귄도 탄생합니다. 이 과정이 한국의 교육과정과 비즈니스
사이의 단절에서 생기는 한계를 해결하는 단 하나의 정답은 분명

아닐 것입니다. 그러나 티미아카테미아의 교육 방법을 통해 끊임없이 변화하는 이 시대를 살아가는 다음 세대가 팀과 함께 자신의 길을 개척해나가며 성장하는 삶을 사는 법을 몸소 배울 수 있을 것입니다. 나 자신을 잃지 않으면서도 함께 일하는 법을 알려주는 곳이 여태껏 없었는데도 시대는 점점 더 협업 능력을 요구합니다. 창업 생태계에서 첫째도 팀, 둘째도 팀, 셋째도 팀이라 외치는 데는 분명 이유가 있습니다.

이 책에 나오는 티미아카테미아의 기본 철학을 바탕으로 한 시도들이 시대 흐름에 맞는 교육 방법에 새로운 영감을 불어넣어 주기를, 한국의 미래인 아이들을 마주하며 현장에서 고군분투하는 교육자들과 교육 혁신가들에게 작은 단서가 되기를 소망합니다.

2020년 8월 10일, 서울혁신파크 MTA 서울 랩에서
MTA KOREA 팀코치 원종호, 허사랑

참고문헌

- The Finnish Parliament's Committee for the Future, Technology Evaluations 19.
- Leadership of Innovative Environments and Organizations. Parliamentary Office Report 6/2004
- Philip H. Mirvis, Karen Ayas, George Roth. 2002. To the Desert and Back. The Story of One of the Most Dramatic Business Transformations on Record. 1st edition. San Francisco: Jossey-Bass A Wiley imprint.
- Skyttä, Antti. 2000. Tiimiytys ja sen läpivienti, matkalla kohti matalampia organisaatioita. Otava
- Gad, Thomas. 2000. 4-D Branding-Cracking the Corporate Code of the Network Economy.
- Financial Times/Prentice Hall; 1st edition (December 29, 2000)
- Cunninghan Ian. 1998. The Wisdom of Strategic Learning. The Selt Managed Learning solution
- Boak, George. 1998. A Complete Guide to Learning Contracts
- De Geus, Arie. 1997. The Living Company. Boston: Harvard Business School Press.
- Aula, Pekka. 2000. Johtamisen kaaos vai kaaoksen johtaminen? WSOY Kirjapainoyksikkö, Juva
- Hock, Dee W. 1999. Birth of the Chaordic Age. San Francisco: Berrett-Koehler Publishers.
- http://cyberartsweb.org/cpace/ht/thonglipfei/orig_ba.html

- Nonaka, Ikujiro & Takeuchi, Hirotaka. 1995. The Knowledge-Creating Company -How Japanese Companies Create the Dynamics of Innovation. New York: Oxford University Press.

- The Winner Within: A Life Plan for Team Players .1993. The Berkley Publishing Group, New York

- From a blog: http://websterpacific.wordpress.com/2007/02/03/the-winner-within/

- Nonaka, I. & Konno, N. 1998. The Concept of "Ba": Building a Foundation for Knowledge Creation. California Management Review, Vol. 40, No. 3, Spring 1998, s. 40-54.

- Paulo Coelho. 2003. The Alchemist. HarperSanFrancisco; 1st edition (March 18, 2003)

- Peltola, Heikki. 2002. Jokaisella on juttunsa. Jyväskylä: Gummerus Kirjapaino.

- Carnegie, Dale. 1938. How To Win Friends and Influence People. Simon & Schuster; Reissue edition (November 3, 2009)

- Juuti, Pauli. 2001. Johtamispuhe. PS-kustannus

- Sharma, Robin. 1998. The Monk Who Sold His Ferrari: A Fable About Fulfilling Your Dreams & Reaching Your Destiny. Harper San Francisco; 1st edition (May 1998)

- de Mello, Anthony. 1990. Awareness. Zondervan (December 5, 1990)

- Johansson, Frans. 2004. The Medici Effect: Breakthrough Insights at the Intersection of Ideas, Concepts, and Cultures. Harvard Business Press.

- Bach, Richard.1970. Jonathan Livingston Seagull. Scribner; 18th printing edition (September 1, 1970)

- Pine II, Joseph B. & Gilmore, James H. 1999. The Experience Economy: Work Is Theater & Every Business a Stage. USA: Harvard Business Press.

- Kolb, D. (1984). Experiential learning: Experience as the source of learning and development. Englewood Cliffs, N.J.: Prentice Hall.

• http://meridiancoaches.com/resources/Discipline_of_Teams.pdf

• Katzenbach, Jon R. & Smith Douglas K. 1993. The Wisdom of Teams. Boston: Harward Bisness School Press.

팀으로 배우고 창업하는 혁신적 교육 모델, 핀란드 티미아카테미아 이야기

펭귄, 팀프러너가 되다

1판 1쇄 인쇄 2020년 8월 30일 **1판 1쇄 발행** 2020년 9월 7일

지은이 티모 레토넨 **옮긴이** 김강현·김희정·이예나

펴낸이 전광철 **펴낸곳** 협동조합 착한책가게

주소 서울시 은평구 통일로 684 1동 3C033

등록 제2015-000038호(2015년 1월 30일)

전화 02) 322-3238 **팩스** 02) 6499-8485

이메일 bonaliber@gmail.com

ISBN 979-11-90400-07-7 (03370)

• 책값은 뒤표지에 있습니다.

• 잘못된 책은 구입하신 서점에서 바꾸어 드립니다.

이 도서의 국립중앙도서관 출판예정도서목록(CIP)은 서지정보유통지원시스템 홈페이지(http://seoji.nl.go.kr)와 국가자료공동목록시스템(http://www.nl.go.kr/kolisnet)에서 이용하실 수 있습니다.

(CIP제어번호: CIP2020034722)